混合式学习下 高校英语教学与改革研究

主编 曾筝 熊潇潇 谭泉泉

山西出版传媒集团
三晋出版社

前 言

长期以来,课堂面对面的教学模式在学校教育中占据主要地位。但是,随着网络信息技术的高度发展和教育理念的不断更新,传统的教学模式越来越难以满足社会对优秀人才的大量需求,也难以满足高校英语教学对于学生个性化发展及综合素质培养的要求。在此背景下,混合式学习作为一种能将线上学习和线下传统课堂教学的优势相结合的学习模式,越来越受到教育界的关注,对混合式学习的研究成为学校教育教学改革的热点与重要发展方向。

混合式学习模式是通过长期对课上课下学习经验进行总结,与对现代网络学习方式运用的综合思考,形成的一种新的学习模式。该模式整合以往的学习理论,如绩效支持理论、认知主义学习理论、建构主义学习理论等,对其效用进行了创新式提升,从而促进了学习环境优化、资源结构调整以及学习方法创新。此外,混合式学习模式通过建构主义学习理论与网络学习理论的综合,成功改变了新时代下的学习环境,构建起更为高效、自主的学习环境。在此模式下,学生能够重新认识自己在大学英语学习中的角色与地位,转变自己原先的学习理念,树立自主学习观念,养成自主学习习惯,主动接触、学习、研究、探索不同的英语知识与同一英语知识的不同应用方式,从而极大地提升学习效率;教师则能够对自己在教学中的角色进行重新定位,真正成为学生学习的引导者和促进者,从而不断促进自身专业能力的发展。

混合式学习已成为国内大学英语教学的主流模式，国内学者对英语混合式学习的研究也越来越重视，在理论方面取得了一定的研究成果。然而，在当前大数据时代背景下，英语混合式学习的理论研究明显与实践应用的发展并不十分协调，这导致英语混合式学习模式存在一定的片面性。如果学习者缺乏良好的自我把控能力，再加上缺乏适时的引导和语言方面的交流沟通，就很容易导致教学效果不尽如人意。因此，在高校英语教学与混合式学习模式结合的过程中，必须明确一点：混合式学习不是一个制度性的任务，它是基于某种特殊需求而开展的教学活动，所以，只有充分发挥教师引导、启发、监控学习过程的主导作用，充分体现学习者的积极性、主动性、创造性，才能获得最佳的学习效果。

目 录

第一章 绪论 ··1

第一节 混合式学习的内容 ··1
第二节 高校英语教学分析 ··5
第三节 混合式学习与高校英语教学的融合 ·····························8

第二章 混合式学习与高校英语口语教学改革 ··························11

第一节 高校英语口语教学的内容 ·······································11
第二节 高校英语口语教学现状分析 ····································14
第三节 混合式学习理论在高校英语口语教学中的应用 ···············16

第三章 混合式学习与高校英语听力教学改革 ··························22

第一节 高校英语听力教学的内容 ·······································22
第二节 高校英语听力教学面临的问题及分析 ·························25
第三节 混合式学习应用于高校英语听力教学 ·························31
第四节 混合式学习在高校英语教学中的应用 ·························32

第四章 混合式学习与高校英语翻译教学改革 ……………………41

第一节 高校英语翻译教学 ……………………41

第二节 高校英语翻译教学现状分析 ……………………45

第三节 混合式学习在高校英语翻译教学中的应用 ……………………48

第五章 高校英语教学中的文化教学改革 ……………………53

第一节 文化教学在高校英语教学中的地位和作用 ……………………53

第二节 语言教学与文化教学 ……………………57

第三节 高校英语教学中文化教学体系的构建 ……………………63

第六章 高校英语探究式教学模式 ……………………67

第一节 探究式教学的基本内容 ……………………67

第二节 探究式教学的背景与现状 ……………………72

第三节 探究式教学的理论基础 ……………………75

第四节 探究式教学模式与方法 ……………………79

第七章 高校英语多模态教学模式 ……………………85

第一节 多模态教学的背景与现状 ……………………85

第二节 多模态教学模式的理论基础 ……………………86

第三节 多模态教学的选择原则 ……………………94

第八章 高校英语词汇教学与语法教学改革 ……………………97

第一节 高校英语词汇教学改革 ……………………97

第二节　高校英语语法教学改革 …………………………………103

第九章　高校英语教学模式改革的理论 ………………………………107

　　第一节　建构主义理论及其教育理论 …………………………107

　　第二节　任务型语言教学的原则与方法 ………………………114

　　第三节　教学系统设计优化的理念与方法 ……………………117

参考文献 ……………………………………………………………125

第一章 绪论

第一节 混合式学习的内容

一、混合式学习的基本内涵

"混合式学习"在英语中被称为"Blended Learning"或"Hybrid Learning",它是在互联网与教学模式相互融合的背景下产生的。

混合式学习要求在传统课堂教学中,教师要与学生进行必要的面对面交流,同时要借助一定的教学工具辅助自己的教学与学生的学习。

混合式学习具有明显的教学优势,它依靠现代化的平台技术,实现了面对面学习与在线学习的融合,在这一过程中,不仅教师的作用获得了最大限度的发挥,而且学生也实现了个性化学习。混合式学习不仅可以将各种教学方法、教学设备等进行混合,而且还能将课程内容、学习策略等进行混合。需要说明的是,虽然教学中的很多因素都可以混合,但并不是说任意的混合都是可以的,各种教学要素相互融合可以达到最佳的匹配效果,才是一种成功的融合。

二、混合式学习的理论基础

(一)认知主义学习理论

在认知主义学习理论看来,学习者将心中的问题经过一定的思考进而转变为新认识的过程就是学习。认知过程在认知主义理论体系中是非常重要的,且强调意识的重要性,指出意识是连接刺激与反应的枢纽,可见,学习者的内心感受与思维意识将在很大程度上决定了其学习的效果。学习是学习者不断获得知识的过程,在这一过程中,学习环境对学习者的学习质量产生影响。认知主义学习理论比较关注学习者的两个方面:一个是学习风格;另一个则是心理变化,所以,在教学内容选择以及教学过程的组织上会首先考虑学习者的知识结构与心理特征,在教学设计方面,注重培养学习者的个性化学习习惯,主要是为了提升学习者的学习积极性,使学习者能形成特别稳定的学习风格,并最终实现既定的学习目标。

混合式学习理论与认知主义学习理论具有一定的一致性,混合式学习改变了学习的中心角色:以前学习是以教师为中心,而混合式学习理论下的学习则是以学生为中心,教师会跟踪学生的学习情况,并对学生的学习心理进行分析,且以此为依据制订相应的教学计划与目标,这是混合式学习比较显著的特征,同时也是认知学习理论在信息时代的创新应用。混合式学习虽然强调以学生为中心,但同样没有忽视教师在学习者学习过程中的重要性,强调教师在学习者学习过程中要发挥自己的引导与监督作用,时刻掌握学习者的学习动态,了解学习者的心理与感情变化。而认知学习理论也同样强调教师在学习者学习过程中的作用,认为教师在学习过程中应该发挥其主导作用,帮助学生一起实现既定学习目标。

(二)联通主义学习理论

联通主义学习理论认为,学习是一个将知识点与信息源连接起来的过程,它绝不是简单的知识内化过程,而是在这一过程中非常强调信息的重要作用,尤其是在信息时代,人们日常生活中充斥着大量信息,这也使得知识的构成经常发生改变,且变化迅速,而知识的快速变化同时也会使得决策发生变化,所以,连接与辨别信息的能力是分外重要的。每个人都有自己的风格,学习也是如此,因此,在联通主义看来,知识理解、加工、运用和传播过程都应该由个体单独完成,这样每个人就会拥有风格不同的知识资源,学习者个性化学习也就能得到实现。联通主义学习理论非常看重人在知识形成过程中的重要性,认为将每个人的知识网络全部连在一起就可以形成一个全新的知识系统。因此,在知识系统中,个人就是该系统中的节点,而庞大的知识资源就是由数以万计的节点组成的,同时,其他人也可以从别的个体中找到自己想要学习的知识,从而在循环往复中形成新的知识网络。

混合式学习理论与联通主义理论从某方面来说也具有一致性,它以学习者为中心,将学习者作为学习的主体,重视学习者在学习过程中的重要作用,认为学习者要进行个性化学习与自主学习。学习者可以通过互联网平台了解自己在学习过程中的实际动态,将每个学习者的学习动态连接起来分析总结出学习者的普遍学习规律,不仅有利于教师教学目标的实现,而且还有利于学习者对自身学习进行正确评价。传统课堂教学往往是以主题为中心,而混合式学习一直以来都是把任务或者项目作为学习的中心,这是两者最为显著的区别。学习的主观性在混合式学习过程中的作用显著,学习者学习态度端正,动机强烈且正确,那么,其最终将会获得不错的学习效果,因此,可以看出,在混合式学习中,学习者是主导性因素,这不仅是在学习实践中体现的结果,同时也是联通主义学习理论所坚持的重要思想。

(三)教育技术理论

现代教育有一个不容忽视的概念——教育技术,它指的是在进行各种教学活动时借助不同技术手段展开教学设计、评价等行为的理论与实践。混合式学习将各种先进信息技术融入教学过程中,这些信息技术包括信息交互技术、移动互联网技术等,可见,如果要开展混合式学习,就需要教育技术的支持。

混合式学习强调学习的适当性,就是要在适当的时候提供给学习者适当的教育,这就要求教师与学习者都能了解与掌握不同的学习媒介与教育技术,且可以根据自身的实际需要作出正确的选择,以达到较好的教学与学习效果。[①]不过,这也产生了一个明显的问题,那就是教师与学习者该怎样从大量的学习媒介与教育技术中作出正确的选择。教育技术理论中的"媒体选择定律"就可以帮助教师与学习者作出正确的选择,这是因为"媒体选择定律"可以实现教育效能与成本的完美融合,既可以使学习达到不错的效果,也可以进一步降低学习成本,很明显,这是混合式学习的一大优势,同时还需要说

---

① 杨培明. 混合式学习的挑战与应对[J]. 人民教育,2020(13):2.

明的是,其在降低学习者学习费用的同时也使学习者学习效率得以提升。

三、混合式学习的基本特征

(一)重视深度混合

混合式学习并不是指将教学中的各大要素进行随意的混合,而是要在保证教学效果的前提下进行混合,要遵循一定的规律。

首先,混合式学习的学习活动并不局限于传统的课堂活动,它还包括在线活动。这种混合的范围非常大,所有的学习者都会涉及其中,这就使学习者可以学习到别的学习者高效率的学习方法,也可以帮助其找到适合自己的学习活动。

其次,传统课堂学习环境与在线学习环境是相对独立的,面对的是不同的学习群体,而混合式学习则实现了两大群体的融合,这种融合对于任何一个群体来说都是极具益处的,传统课堂学生群体可以学习在线课堂学生群体的高效率,而在线课堂学生群体则可以学习传统课堂学生群体的认真态度。

最后,在线学习与面对面学习中的教师也实现了混合,过往单一课堂环境中的教师只能就课堂问题进行交流,对课下学习者的问题很难给予回答,而在线学习中的教师可以实时解决学习者遇到的问题。

这三种学习要素的混合并不是随意的混合,而是有其自身规律,在混合式学习实施的过程中,它以多种方式为基础,主要有翻转课堂、移动学习、在线学习等,为学习者提供了多种学习方式,以利于学习者找到适合自己的学习方式,从而提升学习效率与质量。

(二)注重师生之间线上线下的交流和互动

混合式学习将面对面学习与在线学习的优势整合起来,实现了师生在线上与线下的双线互动,进一步增进师生感情的同时,也增加了学生学习的渠道。

在任何学习中,教师与学生都是学习的两大主体,混合式学习也不例外,传统课堂中教师与学生的交流不多,这样使得教师很难接收学生的学习反馈,而在混合式学习中,教师可以实时接收,并根据学生的反馈制订合适的教学计划,从而保证不同学生的学习需求。

教师与学生可以利用信息技术与交互工具在在线学习平台上交流,在教学软件的帮助下,教学与学习活动不再受时间、地点的限制,学生可以随时学习,节约了学习时间,也提高了学习效率。

学生的问题并不是集中在课堂,很多学习问题都是在课下进行自主学习的过程中产生的,传统课堂教学是无法将问题的解决延伸到课下的,所以,混合式学习就在此时发挥了作用,教师利用各种学习软件与学生实现互动交流,不仅可以及时指导学生的学习,而且还能监督学生的学习过程,当发现学生遇到问题时可以给予适当的帮助。在不同的学习环境中,学生对于教师的需求程度存在差异,所以,混合式学习兼顾了学生对教师线上、线下的需求,要求教师能同时把握学生线上、线下的学习情况,这就是混合式学习最大的优势所在。

第二节 高校英语教学分析

一、英语教学的内涵分析

英语教学存在于中国基础教育与高等教育之中。从教师与学生的不同角度来看,教学的定位是不同的。对于教师来说,教学是对学生的学习行为进行指导的互动过程,而对于学生来说,教学则是对学习行为进行引导的过程。教学是一项双向互动过程,包括教师教与学生学两大过程,只有教师与学生共同努力才能实现英语教学的有效性。

二、高校英语教学的影响因素分析

(一)教师因素

在高校英语教学中,教师的重要性不言而喻,其起着主导作用。通常来说,英语教师在课堂上主要扮演两种角色,一种是课堂的掌控者;另一种是学生学习活动的引导者。成为一名合格的英语教师首先要具备纯正的发音,不过,从当前英语教师的总体现状来看,具备纯正发音的教师数量不多,为了弥补这一不足,很多英语教师都自觉听一些英文广播、观看原版英文电影。

在传统英语课堂上,教师的讲话时间往往会占据课堂的大部分时间,当然,很多时候教师的讲话是关于英语知识学习的,但需要强调的是,学生即使在课堂上也需要一定的自主学习时间去消化教师所讲的内容。因此,教师需要注意留出一部分时间给学生。同时,传统英语课堂教学过于枯燥,这主要是因为教师所采用的教学方法相对比较固定,而时代在发展,学生的学习需求也在变化,陈旧的教学方法已经无法满足学生的需求,因此,教师还应该结合经验不断探索出新的教学方法,以增强英语课堂的趣味性。

另外,英语课堂教学中学生提问—教师回答是师生之间进行交流的重要方式,教师要重视这一交流过程,这是教师了解学生课堂学习动态的主要渠道,因此,在实际的提问环节,教师要时刻调整自己的提问方式,注意语言的灵活运用,不能打击学生学习英语的自信心,要最大限度地激发学生的学习兴趣,引导学生对问题进行积极的思考。[①]

教师在英语教学中发挥着重要作用,只有教师制订正确的教学目标、采用合理的教学方法,充分调动学生学习英语的兴趣,英语教学的有效性才能真正实现,学生的英语水平才能逐步提高。

(二)学生因素

英语教学的对象是全体学生,学生的学习态度、动机以及习惯等都影响着英语教学活动的开展,因此,在英语教学过程中,学生需要培育积极的学习动机,自觉调整自己的学习方式,以适应英语教学活动。

教师在实施教学时,也应该根据学生的个体差异制订教学计划,以保证教学的有效性。

(三)环境因素

1.社会环境。社会环境对高校英语教学的影响主要体现在经济发展水平、科学技术发展水平上。经济全球化逐步推进,世界各国对英语人才的需求不断增大,科学技术不断发展,各国科学家的学术交流也需要用英语来进

[①] 罗成芳.关于英语课堂教学提问的思考[J].宁夏教育,2014(5):1.

行。因此,高校英语教学应该正视社会对英语人才的需求,在英语教学内容与方法选择上也应该与时俱进,与社会相呼应。

2.学校环境。学校环境同样可以对高校英语教学产生影响,学校环境不仅包括学校教学设施、班级大小,而且还包括教学信息、教学资料以及师生人际关系等。学校为学生提供学习的主要环境,因此,与社会环境相比,它对英语教学的影响是直接的。

三、高校英语教学的内容分析

(一)语言知识

语言知识是学生进行英语学习的基础,更是学生进行英语实际运用的前提,只有具备扎实的英语语言知识,学生才能进一步提高自己的语言能力。大学英语教育阶段的学生需要掌握的语言知识很多,主要有英语语音、词汇、语法、功能以及话题等内容,这些内容并没有轻重之分,都是相互联系、相互作用的。

(二)语言技能

英语的语言技能主要包括听、说、读、写、译这五种技能。需要指出的是,英语这五项技能不仅是学习的内容,而且还是学习的手段。

这五项技能分别训练学生不同的语言能力,使学生在学习之后可以获得综合语言能力,以保证其可以顺畅地与他人进行交流。

(三)学习策略

学习策略是为了保证学习活动的有效开展而采取的多种多样的行动与步骤。一般来说,英语学习策略主要包括三方面的内容:认知策略、交际策略和资源策略。

学生培养正确的学习策略是有很大益处的,不仅能提高学生的学习质量与效率,更重要的是,还能帮助学生养成独立学习与自主学习的好习惯,从而使学生最终实现终身学习的目标。

学生个体存在明显的差异,有些学生在学习英语方面比较困难,而适当的学习策略将会帮助这部分学生解决英语学习中的各种问题。另外,为了使学生能独立解决问题,教师要有意识地帮助学生找到适合自己的学习策略,让学生能对自己的学习情况有清晰的了解,从而独立解决学习中出现的问题。

(四)文化意识

英语不是一门单纯教授英语语言知识的学科,它还涉及一些文化方面的内容,因此,英语教师在进行英语教学时,应当注意英语母语国家的风土人情、文学艺术、价值观念等文化的传递。

语言与文化是共生的,二者相互作用、相互影响,语言是不能脱离文化存在的,它只有依附于文化才能发展,而文化则需要借助语言去记录、传承与传播。了解英语母语国家的文化,不仅有利于学生更好地学习英语,而且还有助于学生认识英语母语国家与自己国家的文化差异,从而帮助其了解自己本民族的文化,进一步增加民族文化认同感。

因此,在实际的英语教学中,教师应该有意识地在这一过程中渗透文化,可根据不同年龄阶段学生的实际需求传播文化知识,培养跨文化意识。另外,教师还应该在教学中注意本民族文化的传承,进一步坚定学生传承中华文明的决心。

第三节 混合式学习与高校英语教学的融合

一、混合式学习与高校英语教学融合的意义

(一)加快高校英语教学理念的创新

要想在大学英语课堂中更好地应用混合教学模式,就需要先更新教学观念,不固守成规,真正树立起混合式教学理念。将混合式教学的理念融入英语课堂,能够加深英语教学与互联网技术之间的融合,从而更好地把互联网模式、理念或者技术等应用到教学过程之中,这无疑有利于大学英语课堂教学的创新与变革。另外,需要指出的是,大学英语课堂混合教学模式也促进了各种教学方法、理念和技术之间的相互融合,从而使英语课堂能够对各种方法和技术进行综合运用,发挥各种方法和理念的优势,解决实际教学过程中所遇到的问题,并使大学英语教学得到进一步创新。

(二)构建混合模式下多边互动的师生关系

首先,混合教学模式更加强调学生的主体性地位。教师应该花更多的精力帮助学生提高自主学习能力,引导学生通过各种平台和渠道搜寻自己所需要的信息资料并最终形成最适合自己的学习模式。

其次,教师的任务也发生了极大的变化,在课堂教学指导方面以及教学设计方面都更为复杂。教师要及时更新自己的教学理念,及时了解教学新环境,在提高自身综合能力的同时加强对英语课程的合理设计,有效将各种混合式教学理念、方法和技术等融合起来,从而使英语课堂对学生起到更好的教育作用,并最终达到英语核心素养的培养目标。

最后,师生关系也变得更加密切。师生之间关于教学方面的交流和互动,不仅能够加深学生对知识的理解,促使学生对遇到的问题进行反思,还能够使学生对课堂内容的记忆更加深刻,这无疑有利于学生对相关知识点进行熟练运用。

(三)推进高校英语课堂混合式模式的多元化发展

将混合教学模式应用在大学英语课堂中,使传统课堂发生了巨大的改变,并且课堂教学的所有环节都更加多元化,更加具有开放性,从而推动了英语课堂创新性的发展。

从教学资源方面来看,该混合教学模式能够对新媒体以及互联网中优良的英语教学资源进行汇总和分享,从而丰富学生的英语学习资源。有了这些资源的支撑,学生能够增加自己的知识储备,并进一步提升自己的能力。

从教学手段方面来看,混合教学模式所使用的教学方法和技术并不是单一的,它对教师提出了更高的要求,教师应该根据英语课堂的具体需求灵活使用各种教学方法和手段,从而有效解决课堂中的各种问题。

综上可知,大学英语课堂混合教学模式在互联网信息技术的基础上,使英语教学更加多元和开放,使课堂教学的所有环节都更加完善,从而提高了英语教学的质量和效率。

二、混合式学习与高校英语教学融合的必要性

第一,在传统教学模式下,英语课堂教学更多的是向学生讲解和传授教材的内容。这种僵化的教学模式无法真正使学生的能力得到提高,学生始终处于被动地位。在这种教学模式下,学生无法形成良好的创造性思维能力,并且学生的主观能动性也得不到发挥。

第二,当前的英语教学不重视培养学生的英语应用能力。在传统教学模式下,学生对英语的学习更多的是对英语单词或句子等进行记忆,而无法做到真正的学以致用,因此,学生很难体会到获得知识的愉悦之感。在英语教学中如果忽视了对学生运用英语能力的培养,就会逐渐让学生失去学习英语的兴趣和信心,让他们觉得英语课程毫无乐趣可言。当前英语课程仍旧要面对很多考试,在诸多考试的压力之下,很多英语教师在英语课堂上更加注重对知识、单词、语法等的传授,并且将掌握这些考点作为学生的学习目标,这就使得学生对英语的应用实践能力得不到提升,学生的听力能力、口语能力都较差。

另外,网络以及多媒体内容极大地丰富了教学资源,并且增加了师生之间的沟通渠道,与此同时,那些交互性、传播性极强的课件以及网络课程等也都对传统教学模式造成了一定程度的冲击。但需要注意的是,尽管当前时代的物质环境十分优越,但是由于缺乏教师的监督、指导和帮助,学生通过网络进行自主学习并不能取得较为理想的效果。

通过以上内容,我们可知,传统教学模式在某种程度上阻碍了英语教学课堂质量的提升,阻碍了学生英语成绩的进一步提高,这就让英语教学举步维艰。教师改革传统教学方法,将混合式学习模式融入传统教学模式中,并在现代教育技术的基础上,形成能够充分发挥学生主动性的英语教学新模式,是当前教师工作的重心所在。

第二章 混合式学习与高校英语口语教学改革

第一节 高校英语口语教学的内容

一、高校英语口语教学内容

(一)语音训练

学生想要学习英语口语,首先就要学习和了解英语的语音,只有准确掌握了英语口语的语音和语调等,学生才能做到准确发音,这也是学生开口说英语的第一步。在实际的英语交流中,如果一个人的英语发音不准确或者语调不标准,就会使交流产生障碍。

(二)词汇训练

在英语教学中,英语的听力教学、口语教学、阅读教学和写作教学等都会涉及英语词汇。换句话说,英语词汇是英语学习的最小单元。学生只有掌握了足够的英语词汇量才能输出英语句子,和他人进行正常的英语交流。因而在英语口语教学中,必须重视英语词汇的输入,使学生在学习的过程中积累大量的英语词汇。

(三)语法训练

英语语法通常是指人们在研究英语这门语言之后系统地总结归纳出的一系列语言规则。所有的英语句子只有合乎相应的英语语法规则才有意义,才能够准确地传达信息。每个句子都是由若干个英语单词构成,而英语句子的重要基础则是语法。因而,学生想要提高自身的英语口语水平就必须在积累大量词汇的基础上掌握英语语法。

(四)会话技巧

高校开展英语口语教学的主要目的就是让学生运用英语交流和交际,因而,教师在口语教学中有必要使学生掌握一定的会话技巧,包括几点:①表达观点;②获取信息;③承接话题;④转换话题;⑤征求意见。

(五)文化知识

在实际的英语口语交流中,学生也需要掌握一定的文化知识,这是因为学生在交际过程中需要遵循一定的规则,即体现交际的得体性。因而,在英语口语教学中,学生不仅要熟练掌握相应的英语语言知识,还要学习和掌握相关的文化知识,这样才能使交际顺利开展。

二、高校英语口语教学目标

(一)一般要求

一般要求包括:①能在学习过程中用英语交流,并能就某一主题进行讨论;②能就日常话题用英语进行交谈;③经过一定的准备能够就所熟悉的话题做简短发言,表达比较清楚,语音、语调基本正确;④能在交谈中使用基本的会话策略。

(二)较高要求

较高要求包括:①能用英语就一般性话题进行比较流利的会话;②能基本表达个人意见、情感、观点等;③能基本陈述事实、理由和描述事件,表达清楚,语音、语调基本正确。

(三)更高要求

更高要求包括:①能较为流利、准确地就一般或专业性话题进行对话或讨论;②能用简练的语言概括篇幅较长、有一定语音难度的文本或讲话;③能在国际会议和专业交流中宣读论文并参加讨论。

三、高校英语口语教学的意义

(一)有利于设置科学合理的大学英语课程

众所周知,当大学的英语四级考试和六级考试把英语口语纳入测试范围之后,我国的各个高校都开始逐渐重视起英语听力以及英语口语方面的教学。在未来的发展中,各个高校应该大力倡导设置专门的口语课,从而使学生接受比较专业的口语教学。

(二)有利于开发混合模式的大学英语口语教学课程

在实际的大学英语口语教学中,高校应该紧跟时代的步伐,依托先进的网络技术不断开发和建设相应的大学英语口语网络教学平台,并调整传统的授课形式。高校对英语口语教学可以采用课堂教学和网络授课教学这种线上和线下相结合的模式,从而不断丰富英语口语教学的途径和资源,为学生提供更加真实和多种多样的英语学习环境,从而促进学生的个性化发展。

(三)有利于全面优化大学英语口语测试和评价反馈系统

学生可以充分利用网络资源提供的听力训练和口语训练不断提升自己这两方面的能力,然后采用网络平台提供的测试和评价体系来对自己的英语口语水平进行测试,并找出自己的薄弱环节,加强练习。高校也应不断调整和优化大学英语口语测试和评价反馈系统。

总而言之,混合式教学理论在应用于高校英语口语教学的过程中应充分依托先进的网络平台和网络教学资源,这可以有效地优化高校的英语口语课程设置,使高校不仅重视学生的英语阅读教学,还重视学生的英语口语教学,不断提升学生的英语综合应用能力,同时提高学生的英语自主学习能力和实践能力。

第二节 高校英语口语教学现状分析

一、教师方面的现状分析

(一)教师素质相差较大

在我国很多高校中,英语口语教学都会聘请一些外教参与;由于很多学生以前没有接触过外教,因此,他们会觉得外教很厉害,认为外教的口语能力一定非常强,甚至盲目崇拜外教。然而,随着越来越多的高校聘请外教教授英语口语,外教教学存在的一些问题渐渐浮现。其实,很多外教留在中国的目的是游历中国的大好河山,虽然他们能够说一口地道的英语,但是他们大多都没有一定的教学经验,因而部分外教在教学的过程中只注重教学形式,却忽视了教学内容的系统性,这样的教学不利于学生的英语口语训练。

相比较而言,我国大多数的英语教师在教学中态度端正,对学生比较负责任,他们往往能够在课前就做好教学计划,然而由于英语口语教学对教师的英语口语表达能力要求很高,目前,我国很多英语口语教师的能力难以达到要求。在高校的英语教学中,很多英语教师上课的课时较多,也鲜有机会参加进修提升自我。高校教师由于自身素质等方面的原因,较少使用英语作为课堂用语,从而使学生失去了锻炼英语听说的机会,这也不利于学生的英语口语水平提升。

(二)口语课堂没有新意

在我国很多高校的英语口语课堂中,英语教师还是采用传统的授课方式开展英语口语教学。在课堂上,大部分时间还是由教师用英语讲授,学生被动地接受知识,这种形式的口语课堂缺乏新意,学生在课堂中主动练习英语口语的积极性不是很高。

二、学生方面的现状分析

(一)学生口语基础比较差

在我国,虽然大多数人从小学就开始学习英语,但是在小学和中学阶段,学校主要培养学生的英语阅读能力,并没有重视学生的英语口语能力,因而我国大多数学生的英语口语能力都比较差。某些院校实行中外教师一对一教学合作,结果发现,中国学生在课下用汉语交流自如,可是在课堂上却几乎没有人愿意主动举手用英语回答教师的问题,学生大多数时候都在写笔记。即使有时教师乐意提问,学生也经常用"不知道"或长时间的沉默来应对。其实这些学生的书面表达能力不错,但是口语表达能力不好。

我国很多学生的英语口语基础都比较薄弱,因而他们在英语的口语课堂中往往表现得很焦虑,对于教师在课堂中组织的口语活动,他们也不愿意主动参加。通常人们把这种由于自卑心理而产生的焦虑称为"性格型焦虑"。在英语口语课堂中,还会有一种焦虑产生,即学生害怕教师或者周围的同学嘲笑自己的英语口语而产生的焦虑,通常人们把这种焦虑称为"环境型焦虑"。在英语口语教学中,无论是何种原因引起的焦虑,都会对英语口语教学产生一定的负面影响。

(二)学生对口语学习缺乏积极性和主动性

尽管学生对英语口语学习的积极性正在提高,但是相比其他技能,学生更重视中考、高考以及四、六级考试中的书面部分。他们更倾向于把大量时间花在阅读、语法等技能提高上,相对轻视口语学习。

三、语言环境方面的现状分析

英语是一门重要的语言,语言的学习离不开语言环境。如果有真实的英语环境可以让学生练习英语口语,那么学生的英语口语水平一定会得到大幅度的提升。然而,目前我国高校英语教学中,学生只有在课堂中才会使用英语口语,在其他环境中很少有机会使用英语口语,这样的语言环境会极大地限制学生的英语口语提升。

在我国很多高校的英语口语教学中,由于受到授课时间、场所等因素的限制,英语口语课安排的课时都比较少,而且很多高校的英语口语课都采用大班上课的模式,上课人数比较多,学生的口语训练时间短。虽然一些高校已经意识到英语口语教学的问题,于是组织了第二课堂,试图为学生的英语口语锻炼提供机会,然而积极主动参与到第二课堂的学生还是很少。

学生群体之间存在个体差异性，因而对于不同英语口语基础的学生应该采用不同的教材。目前我国高校使用的英语口语教材都比较落后，教材中缺乏新的内容，而且学校可以选择的教材种类非常有限。实际上，在教学中要想大幅度提高学生的英语口语表达能力，教师不仅要在课堂上给学生提供口语训练的机会，还需要为学生提供真实的语言环境，因此，高校迫切需要含有大量真实语言对话环境的新教材出版。另外，在高校的英语口语教学中还有一种现象出现，那就是教师过度关注英语口语表达能力强的学生，积极鼓励这些学生参加各种大赛，为学校赢得荣誉，而忽视了对普通学生的关注，教师没有把口语教学的重点放在大多数普通学生身上，这种做法需要改进。

第三节 混合式学习理论在高校英语口语教学中的应用

一、在高校英语口语教学中实施混合式教学的培养策略

文秋芳的输出驱动理论指出，在实际的教学中，学生学习一门外语的内驱力更多是来自输出，而不是输入。也就是说，学生把语言的输出作为主要驱动力不仅可以提升其语言的应用能力，还能使学生对没有接触过的新的语言知识充满好奇心和学习的欲望。然而，在我国很多高校的英语口语教学中，由于受到英语课时、班级人数以及学生的听说素质等因素的影响，很难满足学生提升语言输出的需求。

在我国高校传统的英语课堂中开展听说教学时，教师在课堂上大部分的时间都是在讲课，而学生大部分的时间都是在听教师讲课，属于在接受教师的语言输入，学生并没有很多的语言输出机会。把混合式学习理论应用到高校英语口语教学中后，教师根据实际需求不断调整教学设计以及课堂的各个环节，从而使学生能够更加积极主动地参与到课堂互动中，以加强学生的语言输出。在建构主义的学习理论中，学习环境通常是由如下四个要素构成的，即"情境""协作""会话""意义"。而在混合式学习中，人们会把这四

种不同的要素重新进行调整。在实际教学中,教师可以通过观摩和分析一些比较优秀的混合式学习课例来分析和研究教学中涉及的各个要素,然后把自己的英语口语教学设计应用到大学英语口语教学实践中,从而建立可以提升学生英语语言输出的课堂。在具体的实践中,可以按照如下环节实施:第一,教师在教学中合理制订混合式学习的课程计划表,计划表要清晰具体,也要突出教学的重难点;第二,在实际的课堂教学中,教师要对教学活动进行分类,从而准确定位活动的训练主题。

将混合式学习充分运用到高校的英语口语教学中可以按照如下三个步骤实施,即课前、课中和课后。

第一步(课前):在上课之前,教师可以根据学习的内容鼓励学生自主组队开展学习活动,每个小组都可以自主把控学习速度,可以自主选择小组学习的主要内容。对于网络平台上的教学部分,教师需要在课前提前将所学内容的基础知识以及考试重点知识整理后放到网上,从而督促学生在网上自主预习。学生可以根据自身的实际情况来制订学习任务。在课前准备的过程中,教师也可以向学生提供适当的教学指导,并适当监督学生的课前学习活动,从而全面提升学生各方面的能力。在这个过程中,教师的主要角色就是学生学习的指导者。

第二步(课中):在我国的传统英语课堂中,教师往往占据主导地位,学生几乎没有开口练习英语的机会。而在混合式学习的英语课堂中,教师要转变教学的思路和方式,可以运用提问等方式增加与学生之间的互动,鼓励学生开口讲英语。在教学中,教师还可以运用任务型合作学习的方式开展教学,使学生在各自的小组内用英语表达自己的看法并与其他同学用英语进行交流等。学生课前的准备也为学生课堂中的语言输出活动做好了准备。在此过程中,教师的主要角色就是学生学习的促进者,而学生的主要角色就是知识意义的建构者。

第三步(课后):在我国传统的高校英语听说教学中,教师采用的主要评价方式就是听力笔试测试。在混合式教学中,教师对学生的听力以及口语水平的评价方式应该更加多元化,也应该看重对学生的过程性评价。因而在课后,教师可以采取一些措施(如在网上布置相关作业、开设相关课程的讨论区等)来鼓励学生进行语言输出,提高学生的英语表达能力。在期末考试时,学生的成绩构成中应该包括口语成绩和听力成绩,同时也要提升学生日常表现在最终成绩中的比例。

二、大学英语口语混合式教学生态模式建构

(一)有形课堂与无形课堂的混合式建构

在信息技术快速发展的时代,应该在高校的英语教学中充分应用和发挥先进的网络技术和互联网平台优势,把线下高校英语课堂教学和线上虚拟的英语网络教学结合起来,大幅度提高英语的教学水平,尤其是高校的英语口语教学。将互联网应用到语言学习中,可以使语言学习的过程更加有趣,更加能够吸引学生的注意力。

在高校传统的英语课堂中,学生都在教室内上课,这样学生之间可以进行面对面的英语交流和沟通,这是一大优势,而在网络平台上开展英语教学也具有显著的优势,具体体现在两方面:第一,网络平台能够为学生的英语学习提供海量的英语相关资料;第二,在网络平台中,师生之间以及同学之间有很多种不同的交流工具和方式,这样他们之间的交流就能够不受时间以及地域的限制,学生在网络中可以自主学习并自由地与教师或者同学交流看法。有形课堂与无形课堂的混合式建构就可以充分发挥传统课堂和网络平台的优势,提升教学的效果。在教学中,要想提高学生的英语口语水平,教师除了要在课堂中为学生讲明白口语相关的基础知识之外,还需要为学生提供大量的真实语言训练环境和机会。教师可以指导学生以小组为单位在现实生活中进行英语练习,并建立一些微信群、QQ群等及时为学生的练习提供适当的帮助和指导,从而加强学生的英语口语训练。

(二)多样化教学方式的混合式建构

在信息技术时代,高校的英语口语教师在教学中可以尝试多种不同的英语口语教学方式,如合作教学、探究教学等。英语教师采用多样化教学方式不仅能够大幅度提升学生的英语口语水平,还能够激发学生学习英语的兴趣和主动性,这是师生之间的一种良性的互动和发展。

在具体的实施过程中,教师可以从如下三个方面来提升高校英语的口语

教学效果。

在英语口语课堂教学开始之前,教师就可以把自己制订的本节课的预习任务发布到相应的英语口语网络教学平台上,这样学生就可以自主下载本节课的预习任务。学生既可以单独完成教师布置的预习任务,也可以和其他同学合作以小组为单位来完成预习任务。这为教师的口语课堂教学做了充分的准备,能够使学生在英语口语课堂教学中有足够的时间练习英语口语。在学生的预习过程中,教师要通过各种渠道为学生提供及时的指导。在具体的课堂教学中,学生可以根据自己从网络平台上下载的和本节课学习主题相关的视频或者音频资料进行英语口语学习和练习,学生在课堂上可以选择多样化的英语口语练习方式,如为经典的剧集配音、模仿名人的英语发音和风格等,从而训练和优化自己的发音技巧。学生在课堂上还可以以小组为单位分析和讨论一些具有争议性的话题,如热点新闻等,这样每个小组成员都能够运用英语各抒己见,练习英语口语表达。在这个过程中,教师要仔细观察每位学生的英语口语输出情况并提供及时的有针对性的指导意见和点评。在英语口语课结束之后,教师更应该充分利用网络平台督促学生练习英语口语。教师可以在网络教学平台中为学生适当布置一定的英语口语学习任务,并通过微信群或者QQ群等方式与学生进行及时互动,解答学生在英语口语学习中遇到的困惑并时刻监督学生的口语学习。如此一来,在互联网技术的帮助下,教师就逐渐成为学生英语口语学习的引导者和督促者。

(三)多形态教学资源的混合式建构

在传统的英语口语教学中,教师通常在上课之前就会下载相关的教学资源,由于教师在下载的过程中可能会遇到下载权限的问题,因此,教师下载的资源并不是很齐全。在"互联网+"的背景下,师生之间不仅可以共享大量实用的网络教学资源,教师也能够亲自制作一些相关的微课视频,方便学生自学。学生在课下也可以把自己英语口语的对话练习、口语模仿短片等资源上传到网络教学平台上,供其他学生参考和学习。随着信息技术的飞快发展,英语教师在口语课堂中还可以实现远程直播等,为学生的英语口语练习提供真实的、生活中的语言环境。在课堂之余,英语教师还可以利用微信群等方式将相关的英语口语学习资源群发给学生,丰富学生的资料来源。

(四)多元化教学评价的混合式建构

在高校传统的英语口语教学评价过程中,通常都是由教师来评价学生的口语学习成果,因而在具体教学中,最为常见的对学生英语口语的评价方式就是终结性评价。然而在"互联网+"的背景下,高校教学更加注重学生的个性化发展,因此,应该采用多元化的教学评价方式评价学生的口语水平。众所周知,学校开展教学评价的主要目的就是检验教师的教学效果并及时检验学生的英语学习情况,从而根据教学中出现的问题及时调整教学安排。在"互联网+"的背景下,我国高校的英语口语教学评价可以采用多种不同的方式,如线上和线下评价相结合、形成性和终结性评价相结合等,从而更加准确、全面地评价每个学生的英语口语学习情况。多元化的教学评价方式也能够帮助教师更加全面、深入地了解每位同学的状况,方便教师因材施教。

具体分析而言,在实际的英语口语教学中,教师应该关注每位学生并及时收集每位学生的音频资料、相关的视频资料,口语活动中的表现和参与度,课堂中对教师的问题的理解和回答,完成作业的情况等各种信息,教师可以按照一定的比例对这些内容做量化处理。这些也可以成为学生英语口语成绩的一部分。另外,除了教师的英语口语评价,教师还应该积极鼓励学生参与评价。学生既可以对自己的英语口语情况进行自评,审视自己,也可以以小组为单位请小组内其他同学评价自己的英语口语成果,实现小组互评。这样经过教师的评价、学生的自评以及同学之间的互评后,学生个体就能更加清晰准确地了解自己的英语口语情况,从而进行不断调整和改进。在先进的信息技术的支持下,多元化教学评价的混合式建构能够调动学生学习英语口语的积极性和主动性。

众所周知,高校的英语口语教学非常重视学生对英语口语的应用能力和实践能力。在我国的传统英语口语教学中,高校不重视学生的口语教学,同时,大部分高校的英语口语教学方式较为单一,高校培养的毕业生难以满足社会的发展需求。在互联网时代,将混合式学习理论应用到高校的英语口语教学中,即构建大学英语口语混合式教学生态,可以优化高校英语口语的教学模式,建构多种多样的英语口语教学方法和评价方法,从而提高学生的英语口语水平。

第三章 混合式学习与高校英语听力教学改革

第一节 高校英语听力教学的内容

一、高校英语听力教学的内容

(一)听力知识

听力知识是学生英语听力技能形成的基础,因此,应当作为英语听力教学的重点。一般来说,听力知识包括语音知识、语用知识、文化知识以及策略知识等诸多方面。

语音知识教学是听力知识教学的一个重要方面。在现实的交际过程中,由于发音、语调、重读等因素的影响,同一个句子往往会产生不同的意义,从而表达出交际者不同的意图。在语音教学的过程中,教师要重点强调英语的发音、语调、连读、重读等知识,只有掌握了这些基础内容,学生才能够不断提升自身的语音识别能力和反应能力。除此以外,教师在语音教学时,还要从听音、重读、意群等方面对学生进行训练,此外,也可从词、句、段落、语篇方面进行训练。经过一段时间的训练之后,学生就能够适应英语表达习惯,并在潜移默化中提升自身的英语思维能力,进而实现英语素养的整体提升。

除了语音知识教学以外,听力知识教学还包括语用知识、文化知识以及策略知识等多个方面。其中,语用知识教学可以有效地帮助学生理解语言的意义,提升学生的理解能力。文化知识教学可以帮助学生了解不同的文化背景知识,从而帮助学生进行有效的跨文化交际。策略知识教学可以引导学生根据具体的听力任务和听力材料选择有效的策略,进而提升学生听力的针对性。

(二)听力技能

1.辨音能力。辨音能力教学包含多方面的内容,如音位的辨别、音质的辨别、意群的辨别、语调的辨别等。教师对学生进行辨音能力的训练,可以大大提升听力教学的有效性,也有助于学生听力理解能力的不断提升。

2.交际信息辨别能力。交际信息辨别能力的主要内容有新信息指示语、转换指示语、例证指示语。这一能力的训练,可以有效地提升听力教学的针对性与有效性,进而提升学生理解话语的效率。

3.细节理解能力。细节理解能力指的是从听力内容中获取具体信息的能力。细节理解能力的提升,可以有效地帮助学生在学习及考试中提升做题的准确率。

4.选择注意力。选择注意力指的是根据听力的目的和重点对信息焦点进行选择的能力。选择注意力的提升,可以帮助学生快速地从不同类型的听力材料中提取信息焦点。

5.大意理解能力。大意理解能力指的是理解谈话和独白的基本主题及主要意图的能力。这一能力的提升,可以有效地帮助学生从整体上把握话语的基本内容。

6.记笔记能力。记笔记能力指的是能够依据听力的要求选择笔记记录方式的能力。学生如果具备了良好的记笔记能力,就能够在很大程度上提升听力记忆的效果。

在听力技能的教学过程中,教师需要明确一点,即学生的听力水平并不是短时间内就能够提升的,因此,教师必须有计划、有步骤地对学生进行训练,并根据学生的实际情况制订科学的训练方案,这样才能取得良好的效果。

(三)听力理解

1.辨认。辨认既包括语音的辨认、信息的辨认,也包括符号的辨认。虽然辨认在听力理解中处于最初的阶段,但它是最不容忽视的一个阶段,因为一旦学生不能有效地辨认自己所听到的内容,后面的几个阶段就根本无法展开,理解也就不存在了。

辨认有等级之分,一般来说,语音的辨认是最初级的辨认,而对说话者意图的辨认则是最高级的辨认。在训练学生的辨认能力时,教师可以综合采用多种方式进行,如正误辨认、句子排序等。

2.分析。在分析阶段,学生要把自己听到的内容转化到相应的图、表中。分析能力的训练要求是学生能够在话语中辨别出一定短语或者句型,进而对话语形成基本的理解。

3.重组。在重组阶段,学生应当能够用口头或书面方式把自己所听到的内容用自己的语言表达出来。

4.评价与应用。评价与应用是听力理解的最后两个阶段。在评价与应用阶段,学生需要在辨认、分析与重组的基础上,用自己的语言对自己所获取的信息进行评价与应用。教师在听力理解的教学过程中,可以通过多种多样的方式对学生的能力进行训练,如讨论、辩论等。

二、高校英语听力教学的目标

(一)一般目标

一般目标包括:①能够听明白用英语教授的课程;②能够应用一些比较基本的听力技巧;③能够听明白日常生活中的英语谈话内容以及一般的讲座;④能够听明白慢速的英语广播与电视节目,并把握其中的主要内容。

(二)较高目标

较高目标包括:①能够听明白英语的谈话和讲座;②能够基本上听明白用英语教授的比较专业的课程;③能够基本上听懂较长篇幅的、题材相对熟悉的英语广播与电视节目,并把握主要内容与具体细节。

(三)更高目标

更高目标包括:①能够听明白英国本土人士在正常语速下进行的谈话;

②能够听明白用英语讲授的比较专业的课程以及各种讲座;③能够基本上听明白英语国家的广播与电视节目,并把握其中的中心内容。

第二节 高校英语听力教学面临的问题及分析

一、高校英语听力教学面临的问题

(一)多媒体在英语听力教学中的应用欠佳

1.多媒体英语听力教学资源不均衡。尽管多媒体已经普遍进入人们的生活,但是多媒体在英语听力方面的资源存在分配不均的问题,不同地区、不同层次的高校有着不同的资源条件。许多高校在资源购买或者资源引进上都面临着一些障碍,因此,多媒体英语听力资源出现了匮乏、不均的现象。并且,不同高校之间的资源共享也很难实现,听力资源不均问题非常严重,如果不能解决这一问题,那么,多媒体英语听力教学就无法得到更好的发展。

2.多媒体英语听力教学资源建设落后。经过调查发现,多媒体英语听力资源的相关建设也比较落后,许多英语教师没有制作听力材料的设备、素材等,制作的条件也不是很便利。这种英语听力资源的匮乏是多媒体英语听力教学发展无法回避的一个共性问题。具体来看,多媒体英语听力资源的欠缺原因在于:①高校对多媒体英语听力教学资源的建设不够重视;②当前的多媒体英语听力资源数量不足,质量也不够好,无法满足英语学习者与教师的需求;③一些自制的英语听力软件或材料缺乏科学性,质量参差不齐,并且存在许多重复现象,无法达到良好的教学效果;④没有一个真正适用于高校英语教师的多媒体英语听力教学资源制作或查找的平台,英语教师查找资源比较困难。

(二)英语听力教学课时设置不合理

1.考试制度的不完善制约教师的跨文化听力教学。通常情况下,高校都会根据学生的考试成绩来衡量教学成果,分数自然是非常重要的评判标准之一。但是在当前这种考试制度不够完善的情形下，如果过分看重成绩、分数，那就必然会对教师教学工作的开展造成不好的影响。教师的教学目标会变成以提高分数为基础，学生的学习目的也是为了分数，这会形成一种僵硬的、刻板的应试学习模式。教师的才能无法尽情地发挥出来，学生也不能根据自己的兴趣去学习，其主动性、积极性受到了严重的限制，思维会逐渐僵化，学习能力与实践能力都难以有所提升。目前，教育工作者开始重视文化教学，这又给高校一线教师提升了教学难度，更加导致教师的状态下滑，整体教学效果不够好。

2.对英语听力教学的投入不足。当前，许多高校自身的发展不够理想，忽视了许多教学问题，其中就包括英语听力资源问题、师资培养问题等，有些英语教师由于没有合适的教学材料而放弃了听力方面的教学。英语听力教学设施的建设问题普遍存在，这在一定程度上导致我国各个阶段的学生都对英语听力学习不够重视。

(三)英语听力教学落后于时代的要求

从教学的现状来看，无论是国内或国外，一个突出的问题是教学远远地落后于时代发展的要求。前面已经指出，近半个世纪以来，随着科学技术的迅猛发展，生产部门的技术基础发生了急剧变化。社会已经进入了信息化时代，对人的素质要求越来越高，人们要学的东西越来越多。可是，教学体制及其效能，却未见有太大的变化。以基础教育来说，当前的教育内容、时间与效果，同数十年前比，并没有多大变化。由于教学效能低下，在年轻的一代里，出现了生理成熟超前而心理成熟滞后的现象。这可以认为是教育以及教学严重落后于时代的证明。

从我国来说，目前，学校教育中普遍存在着费时多、负担重、收效低、质量差等一系列严重问题。许多教师和学生都陷于题海之中，苦不堪言，而培养出来的学生往往合格率不高，一些优等生也常是"高分低能"。这种状况同现代化建设的需求极其不适应。现代化建设需要大批既有扎实的基础知识，又有极强实际能力的人才，而绝不需要只会死记硬背的庸人。在知识量急剧增加的今天，学习活动不仅要保证质量，而且还必须注重效率。

造成目前教学少、差、慢、费的主要原因在于教学体制陈旧,科学性差。所谓教学体制也就是教学系统。现行普通教育的教学体制大体上还是20世纪30年代末确立的老一套。半个多世纪以来的教学实践和教育心理学的研究,已经从多方面证明了这套旧的教学体制未能全面准确地体现教学和学生学习的本质规律,尤其难以适应科技迅速发展、知识量激增的要求。因此,在旧的教学体制仍在运行的情况下,出现质量差、效率低的问题也就绝对不是偶然了,以往进行的一些教学改革实验往往收效甚微,重要原因在于没有突破旧的教学体制。这一问题绝对不是通过局部的零敲碎打式的教学改革所能解决的,必须从全局入手,改革整个教学体制才能奏效。只有对这一点具有清醒而深刻的认识,才能促进教育改革取得长足的发展。

(四)英语听力教学面临双重任务

随着全球化发展,我国必须积极走向世界,向世界展示自己的实力,英语作为国际通用语言之一,对我国"走出去"的战略有着重要意义。因此,我国的英语听力教学面临着双重任务,这两个任务的最终目的都是提升我国人民整体的英语水平。也就是说,英语学习不应只局限在少数英语专业的人群中,不应该只是经贸、科研人员的学习任务,而应该是每一个中国公民的学习任务。这是一项严峻的任务。这个任务要求英语听力教学要在保证专业英语教学水准的同时,推行英语基础教学,为更多普通人学习英语提供有利条件,既要培养专业的英语人才及师资力量,也要保证英语基础教育的普及。这是因为有了基础之后,才能够更好地进行深入学习。英语专业的学习者自然会成为我国英语人才队伍中的一员,而那些非专业的人群在走上社会不同的工作岗位后,也会在一定程度上提升我国整体的英语水平,为我国的"引进来"战略作贡献。由此可见,我国英语听力教学的任务非常繁重。我国的英语听力教学状况差别很大。我们不是没有高水平的英语听力教学能力,不是没有优秀的英语教师,但英语平均教学水平还不是很高,优秀师资力量还是偏薄弱。目前,英语听力教学的状况、师资状况有些落后,应引起有关部门的高度注意。要适应英语听力教学大发展的情况,必须加强全面规划,重视师资培训和大力发展英语听力教学研究,以不断提高教学质量。

二、高校英语听力教学存在问题的原因分析

(一)学校的原因

1.应试教育下的英语教学目标问题。在应试教育的大环境下,英语教育的教学目标与学习目标还是以应试为主,大部分高校都只关注学生的成绩、分数或升学率,却忽略了英语教育最重要的基础部分与应用部分。高校的应试教育观念造成了教学模式的僵化,十分不利于学生应用能力的培养,所有的课程活动都是为了提高分数而开展,考试不可避免地成为一切的中心,学生不得不陷入"死读书"的困境中。许多学生由于学习负担过重、精力不足,导致学习状态不佳、学习兴趣减弱,这自然不会带来好的学习效果与学习成绩。传统课堂教学的"满堂灌",既打击了教师的教学积极性,也打击了学生的学习主动性,教师的教学能力受到限制,学生的个性差异被忽视。这种教学模式极大地限制了英语教学的发展。

一直以来,我国的教育都是以应试教育为主,看重的都是学生的分数。评价体系特别单一死板,从来都不会考虑把语言的交流作为教学的目的,而是过分地注重语言的工具性,是得分的工具。因为有分数以及特别重的升学压力,学生每天都实行题海战术,大量地做题,这就造成了学生语言学习的枯燥乏味,同样也就降低了学生的学习积极性,缺乏对于语言活动的参与热忱,对于英语等的考查重点都放在了字词、句子以及语法上面,忽视了对英语整体能力的训练,在学习英语的过程中,学生都是因为分数的压力而拼命地做题,心理上的愉快的体验基本没有。这样的结果就是学习压力的增大带动了外部学习动机的提升而减弱了内部学习动机的形成。

2.考试制度的不完善制约教师的跨文化听力教学。虽然成绩是衡量学生学习效果的一个比较有效的标准,但是目前的整体教育状况都很不理想,考试制度不完善而又过分追求分数,以致于课堂教学、课后作业都是极具针对性的,教师为了提高学生的分数而教学,学生为了分数而学习,逐渐形成了完全应试的学习模式。教师不能发挥自己的效用,普遍都是按部就班地依照安排好的教学任务进行死板的教学,教师具备的才能得不到充分的展示,而且由于教学中的文化知识在实际中不被看重,教师也不会进行高效系

统的文化理论学习。在这种情况下,学生受到多种牵制,不能发挥主动性,思维得不到扩散,实际运用能力也没有得到提高。但是,目前教育界都要求加大文化教学,这给教师增加了教学难度,通常成为难以完成的任务,所以,总体的英语教学就显得力不从心。

(二)教师的原因

1.对听力教学安排不合理。在实际的英语教学中,教师对听力教学安排也不合理,很少有教师将听力列在首位。高校学生的英语水平大多参差不齐,不同学生的学习能力也存在差距,但是英语教师的教学方法却没有一定的针对性,这导致最终的教学效果不佳。还有一些教师对英语听力教学不够重视,这更会造成学生在英语听力学习方面的差距。如果教师始终使用单一的教学模式开展英语教学,一些学习能力好的学生有可能会感到乏味,转移课堂上的注意力;而一些学习基础差的学生就有可能因为难度过大而放弃学习英语。因此,教师必须了解学生的学习情况,实施个性化英语听力教学。

2.对学生缺乏信心。具体到英语学习方面,部分学生对最基本的音标知识都不熟悉,无法识别一个单词中有几个音节。还有的学生由于受方言的影响,不能正确地读出单词的发音,甚至缺乏对语音学习的重视。这种不重视语音学习的现象实际上是源于中学时期的英语学习习惯。如果一个句子中的生词较多,学生对这个句子中表达的语法现象又不明白时,那么学生听到的只能是支离破碎的几个单词,不能透彻地理解句子所表述的含义。多数教师表示,学生提高听力水平的最大障碍就在于词汇和语法知识的不足,这是短时间内很难解决的一大难题。由此可见,英语教师对学生缺乏信心。

3.教师英语课堂听力教学氛围沉闷。在传统英语课堂上,学生学习英语的目的性较强,而兴趣感比较弱,许多学生都是为了考试而学习英语,因此,在学习过程中很难发挥自身的主动性与积极性,学习的意志力也较差,这使英语听力课堂显得比较沉闷。

许多学生都处于被动的学习状态中,没有充足的学习动力,也没有形成良好的学习习惯与学习方法。他们过于依靠课本、依靠教师,很少主动地回答课堂上教师的提问,只会一味地听从教师给出的现成的答案,僵硬地接受教师给出的指令,没有自己的思考。实际上,他们很讨厌这种单一、乏味、陈旧、老套的教学模式,也不喜欢教师在课堂中用冗长的语法贯穿知识的讲解,用一些单调的处理语法结构的方式授课。学生希望可以拥有更多的学习空间,但苦于没有合理的、合适的方法。这就体现出当前英语教学氛围的沉闷无趣,这也是学生学习效率低下的主要原因之一。

有部分英语教师的教学目的就是为了让学生取得优异的成绩,在实际教学中把教师作为教学主体,而忽略了对学生的全方位教育,教学语言没有任何的闪光点,不生动,无法带动学生自主学习,而且给学生提出的问题都没有特别大的实际意义,这样千篇一律、陈旧过时的教学模式让学生没有任何的兴趣,更别说在英语课上认真听讲。目前,我们提倡教师全方位研读学习英语课程标准及其相关内容,积极参加各种专业知识讲座和活动,组织一些竞赛评比的课程讲解活动,学校应该对教师的发展给予支持和激励,教师要与时俱进,学习先进的教学方法和教学模式,然后将其运用到教学当中,真正地推进教学模式的改革。

(三)学生自身的原因

具体到英语学习方面,学生的英语听力水平参差不齐,哪怕是同一个班级的学生其水平也是大不相同。迄今为止,我国的英语考试基本上就是让学生背书,以致于学生中有相当一部分人从心理上惧怕英语。现实中,不少学生已经成为传统教育和考试制度的牺牲品。部分学生的英语听力水平离大学阶段对英语听力水平的要求还有很大距离。整体而言,学生对英语听力学习的目标认识不清,原有的英语听力基础薄弱,存在心理障碍,学习英语听力的意识和能力不强。

第三节 混合式学习应用于高校英语听力教学

随着互联网技术的飞速发展,各行各业都开始向着与互联网融合的方向发展,教育自然也不例外。目前,教育界的很多学者都致力于学科教学与互联网技术融合的研究。就当前的高校英语听力教学来看,很多问题日益凸显,不过在互联网技术的辅助下,出现一种全新的教学模式——混合式英语听力教学,这种教学模式集 E-Learning 与传统学习方法于一身,有效地弥补了传统教学模式的不足。混合式学习模式强调英语听力教学除了要发挥教师的主导作用之外,还要重视学生的主体地位,因此,它对教师和学生都提出了比较高的要求。

就教学内容而言,在互联网时代,教师在准备课程时需要更多地借助互联网的资源,因此,教师必须具备的能力之一就是善于从海量的互联网资源中提取出有效的资源,并将其整合为能适应不同学生需求的资料。以互联网为载体进行文献检索及教学材料的组织,运用现代教育技术辅助教学,已成为高校教师的必备技能。同时,教师还需要在课上自如地利用信息化技术和设备组织课堂教学,通过网络教学交流平台和学习社区平台与学生互动、答疑,组织学生自评、互评。具体到外语听力课程中,则更是要求教师不仅能够熟练操控听力教室的仪器设备,还要掌握在固定终端乃至移动终端上录制、编辑、上传视听材料等技术。对于学生而言,仅仅具有对多媒体设备及信息系统的操作能力已经无法满足混合式学习的要求。这种先学后教的模式,使学生必须具备一定的自学能力和自控能力。在最初学习新知识时,由于没有了传统课堂中教师的全程监督,学生需要自主排除网络上其他可能对所学知识产生干扰和诱惑的材料,合理利用网络资源,提取有效信息。而教师与学生"角色"的转换,则需要学生在自主学习的同时具备独立、深入思考的能力,以及对浅层知识的推导能力。在小组协作中,学生要学会与同学交流,分享各自的学习成果,共同完成检验、评价学习效果的任务。特别是在外语听力课程中,听力理解能力的提高是一个循序渐进、螺旋上升的过程,需要大量的积累才能形成质变,因此,学生在课下自学过程中的主动思考、课中的交流借鉴,以及课后的及时总结尤为重要。

在应用混合式学习模式的外语听力教学中,各种教育技术工具必不可少。多媒体计算机系统和智能移动终端设备结合多媒体网络教学平台、学习社区平台与在线测试系统等软件,可以完成学生的课前自学和课后复习、自测与讨论等任务。而为实现课上的师生交互与同学协作,各种语言学习系统或电子教室等集教学演示、课堂应答、教学交流功能于一身的课上教学应用软件则成为不可或缺的技术支持。

第四节 混合式学习在高校英语教学中的应用

一、混合式学习在高校英语教学中的应用形式

(一)"课上"与"课下"的融合

传统意义上的课上时间用来学习新知识,课下则只能承担预习和复习的功能。而混合式学习则打破了课上、课下及预习、学习、复习的界限,实行课下自学听力内容、完成相关练习题,课上听力策略讲解与复习的课堂策略;联结碎片化学习与系统性学习,记录听力学习过程和结果,激发学习者对听力学习的兴趣,促进学习者间的交流协作。而借助于智能移动终端的学习方法又可以将听力学习内容变为"口袋丛书",学习者可以选择在乘地铁、等公交、食堂排队的任何间隙时间完成教师设计的听力材料,满足了"互联网+"背景下的学习者随时随地进行学习的要求,也体现了混合式学习中的"在适当的时间"进行学习的特点。

(二)固定教学设备与移动教学设备的配合

除了听力教室普遍使用的主控台、耳机、音箱、学生台式电脑等固定设备,在混合式听力学习中,智能手机、笔记本电脑、iPad和便携式音视频播放器等移动设备均可以作为教学设备使用。只要将用于学习的音视频材料、

Word 文档、PPT 切割成适当大小，通过数据线或应用软件的上传、下载功能就可以将所有听力材料装进移动设备，供学习者学习。同时，连接互联网的移动设备还可以依靠应用软件的交互功能，实现教师与学生、学生与学生之间的实时交互。这种在互联网环境中多种教学设备的混合搭配使用则体现了混合式学习中运用"适当的学习技术"进行学习的特点。

（三）传统教学模式与 E-Learning 的整合

面对现代信息科技的发展以及传统教学模式的弊端，E-Learning 应运而生。而在其兴起后的二十多年的时间里，人们发现了这种新型学习模式也有着自身无法逾越的弊端，并且逐步认识到 E-Learning 并不能完全代替传统的课堂，因此，应该将二者有机地结合起来。具体应用于外语听力教学中，则应该利用 E-Learning 的自主、灵活和信息容量大等特征来完成课前知识点的学习和课后练习与测评，利用传统课堂集中、交互和高效的特点来完成知识点、听力策略的讲解以及具体答疑，使两种教学模式互为补充，相得益彰。这种学习方法既符合教育教学规律又能够迎合学习者乐于使用网络、崇尚个性化学习的特点，该方法成为听力教学中的一种"适当的学习风格"。

（四）不同难易程度的学习内容的混合

外语听力课堂的教学效果通常与学生的听力水平密切相关。如果学生的听力水平参差不齐，则很难达到高效、实用的听力课程教学效果。在混合式学习中，以多媒体网络教学平台和智能移动终端为载体的课上与课下相配合学习的过程，允许教师引入互联网中海量的听力练习，设计适合不同层次学习者的学习内容，这样既能有效优化学习资源，又能提高学习者的学习效果，实现传递给"适当的学习者""适当的听力技能"的"适合教育"的学习理念。

在外语听力课程中，混合式学习实现了"各种学习方式、学习内容、学习策略、学习模式、学习媒体、学习资源、学习活动和学习环境的混合，满足了不同学生的学习风格和学习需求，使学习成本和学习效果达到最优"。

二、混合式学习在高校英语教学中的应用步骤

（一）课前阶段

自主学习新知识。教师将准备好的课件通过互联网上传到学生的移动设备以及多媒体网络教学平台,这样就完成了下发新知识要点、听力内容和练习的任务。学生在接到任务后,可以选择在图书馆、宿舍、家里的台式电脑上登录网络教学平台进行新课程的学习。同时,由于所听内容篇幅短小,学生也可以选择通过智能手机等各种移动设备在任意空闲的时间完成学习,并将相应练习答案上传回网络教学平台或移动设备软件(微信、QQ)群组。整个自学过程均由学生自行掌握时间、地点和完成的速度等。

(二)课中阶段

反馈与策略归纳。课堂教学是教师面授的过程,按答疑、知识归纳精讲、进阶训练以及新课导入四个步骤进行。在答疑阶段,首先由学生根据课前自学内容提出疑问,教师的任务则是解答学生提出的问题并公布听力的正确答案。知识归纳精讲阶段,教师主要根据前面所反映的学生对课前自学知识的消化、吸收程度,以推理演绎法提炼知识点及听力策略,并通过师生互动了解学生的掌握情况。在进阶训练阶段,学生通过小组讨论解答教师给出的与本课知识相关但难度略高的听力练习,进而从夯实基础知识的层面上升到提升听力技能的层面。最后则是新课导入阶段,学生在教师的引导下了解下一讲的听力主题,自主学习注意事项,记录教师布置的学习内容及回收练习的时间与方式。在这种"提问—作答—讨论—提炼归纳—再提问—再作答"的过程中,学生能够发现知识结构之间的逻辑联系,达到融会贯通的学习效果。

(三)课后阶段

自测及新一轮自主学习。在课后,及时了解学生对于所学知识的掌握程度以及监督学生自主学习的进展是混合式学习中教师的重要职责,教师设计各种知识点及阶段性测试内容并通过多媒体网络教学平台在线测试功能发布给学生,学生可根据自己的时间自行完成。在线测试的答案发布于学生系统中,学生分数由系统自动生成并报送给教师和学生自己。测试题的答疑则通过移动设备群组中教师、同学实时在线讨论解决。同时,教师也会利用互联网的无限延展性,通过移动设备的群组提供给学生更多相关的听力学习资源,学生可根据自己的水平选择适合自己的练习内容进行知识的巩固和升华。另外,新的学习内容也会通过多媒体网络教学平台和移动设备发送到学生手中,以便开始新一轮的自主学习。

三、混合式学习在高校英语教学中的应用策略

(一)课前拓宽教学渠道,构建学习交互通道

1.拓展教学资料来源,增加立体化听力材料。英语学科由于其自身的学科特性,有较强的文化性。随着课程改革的不断推进,高校教材收录了更多以英语为母语的国家的政治、经济、文化、风俗等相关的内容,这就对高校英语教学提出了更高的要求。因此,在听力教学开展之前,为了保证教学目标可以在有限的时间内顺利完成,教师应帮助学生克服由于背景文化知识缺失或者知识面过窄而造成的听力学习障碍,帮助学生在走进听力教学课堂之前就对所听主题丰富的背景知识有一定的了解;这样一来,学生不再是空着脑袋进课堂,而是带着课前激发的求知欲望和学习的兴趣进行听力材料的学习,传统听力教学费时低效的困难将迎刃而解。

教师可以通过网络上质量较优的英语学习网络平台为同学进行背景知识的介绍和求知欲的激发,导入相关基础词汇和语法内容,克服单纯的语言基础知识上的障碍,增加学生信息库的容量;利用QQ语音等进行实时异地听力策略的指导,塑造学生对听力材料进行预测和联想的意识和能力。

同时,听力材料不仅局限于文本材料、音频资源,丰富多样的视频资源也可以为听力教学服务,达到多感官刺激学生的目的,使学习的趣味性得到显著提高。然而不论是文本、音频还是视频听力资源的选择,都应该遵循短小切题、概括性强的特点,避免学生产生较大的学习负担,要让学习在轻松愉快的氛围中进行。还有重要的一点就是保证材料难度呈阶梯形分布,难易合理搭配,满足不同学习成绩的学生对学习的需求,方便学生根据自己的实际情况自定步调,进行自主学习,营造学习的自主性环境。

听力材料应尽量坚持实时性、新颖性、知识性以及趣味性的统一,但不可以为了追求新颖和趣味而丢弃教学的主题和目标内容,可以选取VOA、BBC的时事新闻、近期的影视片段、采访、广告、演讲、英语歌曲等不同形式的真实听力材料,不要局限于常规的测试听力的训练材料。

2.合理筛选听力教学材料,保证学生有效认知。网络平台为教师提供了丰富多彩的教学软件和教学课件,面对丰富的听力教学资源,教师应该根据已经确定好的教学目标、要完成的教学任务、班级学生的听力实况以及学校多媒体设备的情况精心筛选、设计和编制教学内容,把丰富的网络听力资源作为面对面听力教学的补充,切不可贪多、贪新。因为根据心理学的研究,学生的记忆是在有效理解材料的基础上进行的,如果教学材料超出了学生的认知负荷,不仅不会收到预期的教学效果,反而会增加学生的认知负担,使其产生心理恐惧与排斥。教师应注意电子听力材料的启发性,把学生的认知规律和注意特性考虑在内,切不可将多媒体的听力教学演变为新式的人机灌输的"填鸭式"教学。理想的教学模式应该是学生积极主动地自我净化、自我完善、自我革新、自我提高,最终达到自我实现,把学习视为一种愉悦的体验。

3.延展社会网络,构建学习交互通道。随着互联网技术的不断成熟与普及,各种社会性交际软件走进了人们的生活,改变人们的生活方式和人与人之间的交互渠道,这些社会性软件实实在在地反映着社会的存在和交互关系,人们的交流变得"透明化",人们越来越信任这些交互平台与软件。因而,在此基础上,信息和知识的互换变得愈发频繁,内容愈发丰富。将这些社会性软件应用到教学中,可以增加师生、同学之间交互的机会,方便课下的异地交流,帮助学生从单一的自我学习圈中走出来,融入整个学习网络中,达到丰富个人知识的目的,避免"回音壁"效应的产生。

教师可以建立一个英语听力学习平台,平台的管理者可以是教师,也可以选择比较精通计算机的同学作为协管员,在上课之前教师将下节课计划讲授的新内容划分为几个子模块,设置好学习任务,通过网络交流平台布置给每位同学或者事先划分好的学习小组,每位同学可以通过学科资源库或者教师建议的网络平台所提供的"情境""协作""会话"条件去完成自我知识构建,实现个体化、自主化学习。如果遇到难点或完成不了的任务,可以在网络学习交流平台上或者学习共同体中与同组同学交流,利用教师事先设定好的学习情境完成个人学习任务和小组作品报告。

首先,教师是网络学习共同体中的组织者,应根据学习内容和学生的特点对学生搜集到的资源进行组织与设计,保证学习资源的有效性;其次,教师是这个平台的监督者和秩序管理员,如果遇到不和谐现象,教师应在群里对学生发起警告,帮助大家"重回正轨",同时,教师对各成员网络节点的健康状况应做到心中有数,实时查看网络各节点的联系情况,并做好各节点间连接关系的梳理工作,以保证各成员节点都能积极融入网络学习共同体中的信息知识的流动中,真正发挥这个学习共同体的积极效力。在学生线下互动的过程中,教师要始终"监视"学生的活动,保证学生互动方向的正确性和高效性,做到松而不散,活而不乱。

(二)课中集结信息节点,完成协作学习

1.合理选择听力教学媒体,保证听力教学的教育性。赫尔巴特曾经说过"没有无教育的教学,也没有无教学的教育",教学是一个知、情、意、行统一的过程,因此,教学媒体的选择要考虑教学过程的教育性。固然多媒体课件、音频视频听力材料以及网络平台可以给学生提供更加丰富的学习材料,但是,不可以忽略必要的师生互动、同学互动以及课堂教学氛围给教学带来的积极影响。语言的学习就是一种交际的过程,具有极强的实践性、人文性和文化性,师生之间的有效互动和同学之间的探讨交流可以为语言的学习提供具有真实性、灵活性以及创造性的交际环境,促进习得语言的输出和传递。应时刻注意教师的言传身教对于学生的影响。

2.营造轻松活跃的课堂气氛,交织灵活多样的教学方式。根据心理学研究,人的注意分为无意注意、有意注意以及有意后注意,所以,教学应该努力利用刺激物的强度、刺激物之间的显著对比关系和刺激物的新异性来进行。通过有意注意的外部表现了解学生的听课状态,适时调整教学节奏,通过无意注意的规律组织教学,音量适中,语音、语调做到抑扬顿挫,遇到重点、难点还要加强语气,伴以适当的手势和表情,保持学生的注意力和学习兴趣。

混合式英语听力教学应该综合采用情境教学法、任务型教学法、交际教学法,将以教师为主导与以学生为中心统一起来,优化组合,力求教学效果最优化。教师应该努力营造一种轻松活跃的听力课堂氛围,运用灵活多样的教学方式,如师生对话示范、同桌对话、分组讨论等教学形式的混合,使学生的注意力集中起来,这样其学习兴趣和积极性也会得到明显的保持和提高。

3.培养良好的听力习惯,保持积极的学习心态和愉悦的学习体验。在听力过程中,学生的注意力应该放在信息的理解上,而不是只攻自己听不懂的词汇和短语,然而,目前学生对于听力的认知出现了偏差,大部分学生会刻意要求自己听懂材料的每一个单词、理解每一个句子,认为这样才会理解整个材料,才会完成教师的问题。所以,教师在听力教学过程中,应该不断培养学生的预测和联想能力,教会学生对听力材料进行自我信息加工,抓住关键词,对重要的时间、地点、任务进行记录,通过推测抓住文章的中心思想。

在听力教学过程中,学习者的心理情感因素起着非常重要的作用。影响听力教学效果的心理因素很复杂,大概包括学习动机、学习风格、自我效能感以及性格特征等,积极的心理因素使学生在听力过程中处于积极向上的心理状态,降低了大脑皮层神经活动产生的抑制性反应,使学生保持较高的注意力和记忆力,帮助学生建立持之以恒的学习态度和坚韧的意志品质,提高听力效果。因此,教师在教学过程中应该根据课前对学生的了解,多采用有针对性的鼓励性语言鼓励班级学生积极参与课堂活动,帮助同学明确听力学习的动机,调动学生的积极性,树立其自信心,让学生敢于在课堂上张嘴表达自己,不畏惧犯错误,教会学生正确认识和面对错误。在大部分英语课堂上,同学们纠结的更多的是自己的表达用词是否得当,语法是否准确,然而语言表达的目的在于听者是否可以听懂,所以,表达的唯一标准就是流畅,教师应引导学生正确认识错误,减少焦虑害怕的心理。

以多媒体技术为依托的英语教学课堂改变了传统教学的单向活动性、知识传授性以及教师"一言堂"的弊端,实现了基于多媒体技术的多方向的互动教学。

(三)教师线下异步指导

1.帮助学生利用"云学习"环境,完成自我知识管理。根据学生能力、成绩、性别等因素而确立的听力学习共同体或者学习论坛,增加了学生学习的参与感和主人翁意识,学生根据自己的实际需要参与课程的学习,由之前的旁观者变为现在的主人翁,学习的使命感和荣誉感将会有所提高。学生通过教师精心筛选的听力网络链接资源补充学习课上的听力教材内容,既可以降低被网络其他内容吸引、分散注意力的可能性,又可以高效利用最优的资源,节约了筛选信息的时间和精力。在这种情况下,学习资料不再是简单的听力教科书和配套练习册,听力学习资源实现了立体化、形象化、多样化,既有传统练习册保证新授知识的练习和巩固,又有多媒体课件、影像资料、扩充听力习题库来拓展学习能力。这种模式满足了不同听力程度以及不同学习风格的同学的学习需要,拓宽了学生的视野,增强了其举一反三、融会贯通的能力。每位学生的听力内容如同个人定制一般,将个性化教学、因材施教落到实处,每位学生的特殊才能和个性品质都得到有效发掘,最大限度地保证学生的全面发展。

2.教师通过网络社区,获得听力学习反馈与非实时指导。教师授课的结束并不意味着整个教学过程的终止,学生课下的评价与反馈以及复听情况也是听力教学必不可少的组成部分。具体包括学生对听力教学资源库和教师布置的听力网络课程的学习和利用、听力输出作品的完成和上传、自主测试、新课预习以及基于听力特定项目的小组学习等环节。

知识的获得并不是学习的终极目标,知识的应用才是知识掌握与否的标准,也就是说"管道"比"管道中流通的知识"更加有意义,所学知识要转变为学生解决新问题的辅助手段和工具。所以,学生的课下自主学习都采用问题导向式或者任务驱动式学习,把问题的求解作为学习的目标,在学习过程中提高学习者对知识的实际应用能力。

教师借助网络进行多媒体课件的制作、网上非实时指导、网上布置任务、网上组织学生自主学习和小组协作学习;学生借助教师创建的学习共同体或者学习社区完成教师布置的作业,通过网络提供的博客、电子邮件和QQ以及微信等聊天工具获得教师的同步或者异步指导。遇到难点问题和同组同学讨论或者去资源库查找资料,让学生意识到学习行为是发生在小组间的,这能培养学生分享学习成果的意识以及团结协作的意识。

3.采用多元评价模式,实现学生全面发展。听力课堂教学方式和学习方式的转变必然带来教学评价方式的变化,新式的英语听力课堂要求教师必须采用多元评估方式对学生进行评价,混合式学习所关注的不仅是结果性评价,学习过程的评价也是教师和学生所关注的对象。让教学评价贯穿于教学过程的始终。学生所展现出来的各种学习行为的变化都应该被教师记录在案,比如,学生在小组讨论时的积极程度、在教师提问时的踊跃度以及用英语与教师、同学交流的频率,这些与听力习题的正答率一起构成了一个全方位的学生评价,保证了学生的全面发展。同时,教师也要注意学生在听力学习中的及时反馈,在教学过程中及时修正教学进度和教学事件,把教学反思穿插在教学过程中。

通过课前、课中以及课后三大阶段的教学策略的设计,可以全方位地保证教学效率,使教学过程中教师的主导性作用和学生的主体性地位得到切实保障。课堂教学与课后扩展相互补充,既巩固了听力课堂教学的内容,又可以实现学生在课下自定步调的自主性学习,学生根据自己的实际情况选择听力练习内容,也可以通过教师帮助搭建的交流渠道进行合作学习。线上线下高频率的互动,把听力的教学与学习环境镶嵌到整个学科知识网络中,构建了一个个性化的学习环境。

第四章 混合式学习与高校英语翻译教学改革

第一节 高校英语翻译教学

一、高校英语翻译教学的内容

(一)翻译基础理论

翻译基础理论知识是大学英语翻译教学的最基本内容,也是不可或缺的内容。翻译基础理论包括对翻译活动本身的认识,了解翻译的标准、翻译的过程、翻译对译者的要求(即译者的素养)、工具书的运用等内容。了解和掌握翻译基础理论知识不仅可以使学生在宏观上把握译文组织的思路,还能增强学生在翻译实践中的应变能力。

(二)英汉语言对比

对英汉语言对比分析不仅仅是翻译教学的基础,也是翻译教学的重要内容。英汉语言对比包括两个层面的比较:一是英汉语言在语义、词法、句法、文体篇章等语言层面的比较;二是对英汉语言的文化、思维层面对比,以便在翻译过程中完整、准确、恰当地传达出原文的信息。

(三)常用的翻译技巧

翻译技巧是翻译教学的主干,在翻译实践中发挥着重要的作用,因此,翻译技巧也就构成了英语翻译教学主要内容之一。所谓翻译技巧,是指为保持译文的通顺,在内容大致不变的前提下对原文的表现方式和表现角度进行改写的方法。

(四)人文素养

翻译涉及面非常广,在具体的翻译实践中常会涉及不同国家的政治、经济、文化、历史等各个方面的内容,这就要求译者一定要具备一定的能力和素养,因此,人文素养也就成了英语翻译课堂中不可或缺的内容。

二、高校英语翻译教学的目标

(一)一般要求

一般要求包括:①能借助词典对题材熟悉的文章进行英译汉,译速为每小时约300个英语单词,译文基本传达原文的意义,无重大的理解和语言错误,符合中文表达习惯;②能借助词典对题材熟悉的文章进行汉译英,译速为每小时约250个汉字,译文基本传达原文的意义,无重大的理解和语言错误,符合英文表达习惯;③能借助词典将与专业相关的英语文章、介绍、提要、广告产品说明书等翻译成汉语。

(二)较高要求

较高要求包括:①能借助词典翻译英语国家一般报刊上题材熟悉的文章。对于英汉翻译来说,每一个小时大概需要翻译出350个单词,并且应该使文章的意思比较通顺,不能有错误的表达与理解方式;②能借助相关的词典翻译一些具有一般性题材的文章,对于翻译的速度而言,一般以每小时翻译300个左右的汉字为宜,在翻译的时候应该注意译文的通顺性,尽量减少表达错误;③在翻译相关的英语文献资料的时候,应该让译语符合中文的表达习惯;④在翻译的时候,如果能用相关的翻译技巧,就可以用上。

(三)更高要求

更高要求包括:①应该能够翻译一些比较具有难度的科普文章以及评论文章等,在翻译的时候能够保持每小时400个左右单词的翻译量,并且应该对原文有正确的理解,从而既保证翻译的正确性也保证翻译的流畅性;②应该将那些能够展示中国国情的文章翻译成英文,应该保证翻译的速度,每小时能翻译350个字左右,保证基本没有什么错误,并且能更符合英语的表达习惯。

(四)专业要求

六级应该满足以下几个目标：①能够掌握一般的翻译技巧；②能够对翻译的相关理论以及英汉语言的差异有基本的了解；③能够把那些具有一定难度的英语段落翻译成汉语，并且应该确保意思的准确性以及语言的通顺性；④对于翻译速度而言，应该保证每小时能够翻译出250—300个英文单词；⑤能够将那些具有一定难度的汉语篇章翻译成英语，并且要保证翻译的速度；⑥能够与外宾流利交流，从而满足他们日常生活的需要。

八级应该满足以下几个目标：①在学习了相关的翻译理论与技巧之后，应该学会灵活运用，并且能够将英文报刊上的文章翻译成汉语，或者将我国报刊上的一些文章翻译成英文；②应该确保翻译的速度，每小时能完成250—300个英文单词；③译文应该与原文的意思对应起来，并且应该保证流畅性；④在一般的外事活动中，应该能满足相关活动的需求。

三、高校英语翻译教学的原则

(一)交际原则

对于外语的学习而言，有一个最终的目的，那就是实现交际。可以看出，外语的交际能力包括两个方面：一是需要保证信息接收的正确性；二是需要保证发出信息的准确性。对于翻译教学来说，还应该培养学生的信息转换能力。

在交际理论看来，语言是表达意义的体系，其主要的目的是实现交际，通过分析语言的结构，可以探寻到其交际的用途。那么在进行英语翻译教学的时候应该始终注意交际原则，从而不断培养学生的信息转换能力。

(二)认知原则

学生在学习新的知识的时候，一般会以原来的知识为基础，但是，同时他也会根据自己的认知特点以及自己独特的思维方式去探求与其他人不同的学习策略。所以，在进行翻译教学的时候，应该遵循认知的原则，深入分析不同学生的特点，并且应根据学生的特点进行课程设计，从而激发学生的兴趣，不断培养学生的自主学习能力，使学生的翻译技能得到一定的拓展，进而让学生更加顺利地实现交际。

(三)文化原则

很显然,外语的学习过程就是一个跨文化的交际过程,翻译的学习也是这样,学生要想学好翻译就必须首先对其他国家的一些情况进行深入的了解,国家的经济模式、生活方式、表达习惯、风土人情等,只有对这些有了深入的了解,才能有效地避免误译现象的出现。

具体到高校的翻译教学中,教师应该时刻谨记文化原则,并且应该着重培养学生的跨文化信息转换能力,使他们了解不同国家之间的文化差异,从而顺利实现交际的目的。

(四)系统原则

将语言看成一个非常庞大的系统,其内部的各个组成成分之间的关系是非常密切的,并且有一定的规律可以遵循。翻译教学也是这样的,在教学的时候教师也应该遵从系统的规律,并且探求翻译的本质以及学生的实际需求,制定出更加完善的教学大纲,以此培养学生的翻译技能,从而不断提高翻译教学的效率。

(五)情感原则

除了上面所提及的原则之外,在高校英语翻译教学中还应该注重情感原则,因为情感对于学生的学习而言具有很大的影响,学生的学习动机、学习兴趣以及学生的性格等感情因素都会对学生的学习产生一定的影响。

四、高校英语翻译教学的意义

(一)提高学习者的自主学习能力

1.采用真实的情境。教师如果采用真实的情境会有助于提高学生自主学习的积极性,比如,在课堂上可以采用翻译案例的方式,从而使学生能处于真实的情境之中。需要注意的是,要想取得比较好的学习效果,学生必须提前在课前进行学习,从而掌握相关的翻译理论与技巧。

2.指导学生进行自主学习。对于所选择的课程,教师可以将其制作成微课,以便更加有条理地对学生的自主学习进行指导;对于网络课程,教师应该多准备一些相关的学习资源供学生选择,从而鼓励学生进行探索,尽快找到适合自己的学习方法。

3.运用启发式的教学策略。教师在教学的时候可以采用启发式的教学策略。比如,学习者可以对生活中的一些翻译案例进行实践调查,并将调研报告与同学们一起在课堂上进行探讨,教师就可以据此回顾相关的翻译理论与技巧,启发学生进行深入思考,从而在学生脑海中留下深刻印象。

(二)丰富教学资源

随着信息技术的发展,一些新的教学模式不断涌现出来,高校可以将信息技术与翻译教学结合起来。当下,大部分地区都有网络覆盖,除了在课堂上学习知识,学生获取知识的途径更加多样化,双语知识、翻译技巧等相关学习资料在网上层出不穷,学生可以随时随地在网上查找到自己需要的相关资料。

(三)评价方式更加多元化

在混合式的教学模式下,教师在进行评价的时候也不能拘泥于原来的评价方式,而是应该建立新的立体化的评估模式,真正实现以学生为中心的目标,从而客观地反映学习者的学习状态,不断调动学生学习的积极性。

第二节 高校英语翻译教学现状分析

一、从翻译课堂角度分析

目前,一部分翻译课教学以课堂为主,以书本为中心,教学模式相对单一。教师对语法知识传授投入较多的精力,但由于课时所限,难免顾此失彼,在翻译技能培训方面不够重视。学生往往追求正确答案而不求甚解,没有积极思考的意识。这往往影响学生的学习效果,使其无法"更上一层楼"。此外,我国的大专院校学生对英语的词汇、语法的学习大都比较关注,常常将大部分时间花在词汇、语法等语言点上,而这不利于英语应用能力的培养与提高。

二、从翻译教学理论和实践的关系角度分析

南京大学外国语学院博士生导师柯平教授认为,能够帮助学生对翻译的原则形成较为健全的意识,并能使其自觉地将所学到的翻译知识运用于自己的翻译实践,是翻译教学最重要的目标之一。而这种健全的翻译原则意识很明显地只能建立在某种健全的理论基础之上,所以,任何一种严谨的翻译教学都要以中肯的理论作为指导。和其他课程相比,翻译课的实践性较强。因此,翻译教学不能只局限在教师讲解或学生练习的单项活动的层面上,而应是以"教师讲解理论知识,学生实践练习"为主要形式的一种较广泛的教学行为。如对于初学者而言,他们所学习的理论知识一般只涉及翻译操作的一些基本知识和技巧,所以,每节课教师讲解的内容都没有其他课程那么多,这也就导致有时候教师会感觉到初级翻译课程没什么可讲的,从而将大部分时间留给学生进行英语翻译练习。而对于这门课来说,翻译练习确实需要占用很多的时间,所以如何组织学生进行翻译练习,如何调动学生练习的积极性,如何激发他们的兴趣和合作精神,如何让他们主动而不是被动地参与练习,是教师们需要摸索和探讨的问题。学生接受事物的能力存在一定的差异,因此,选择翻译材料的难易等问题都会影响教师的课堂组织与管理。而在学生进行翻译实践的过程中,他们基本没有或很少将理论运用于实践中。

因此,如何选择翻译材料就成为教师必须考虑的一个问题。如果翻译材料较为简单,就不易引起学生足够的重视;如果翻译材料太难,又会让学生失去翻译的兴趣,有时甚至会导致学生放弃翻译。可见,英语翻译教学中诸如此类的因素常常会直接或间接地造成教师的理论讲解和学生的实践练习无法相结合,或者使学生在实践中不能将已学的理论知识和实战结合起来,导致理论与实践脱节。

三、从教学与测试的关系角度分析

目前,由于缺乏统一的英语翻译教学的教材和教学大纲,各学校在教学安排上也具有较强的随意性,这就造成了英语翻译教学的一系列问题,如重点不突出,翻译能力测试评估不规范,翻译教学内容覆盖面较窄,翻译测试

目的不明确,缺乏较为统一、客观、科学的评价体系。由于测试中常常不会涉及学生翻译的技能测试,也就导致学生认为考试不考,所以也不会学习,最终无法巩固所学知识,即翻译教学和测试不同步。此外,从四、六级考试来看,英语翻译考试只占到了四、六级考试整体分数的5%,而听力与阅读理解占的比重很大,这也在很大程度上导致了学生对翻译学习的倦怠,甚至完全没有重视翻译能力的培养。

四、从教学内容角度分析

随着科学技术的快速发展和社会的不断进步,我们已经处于一个经济、文化多元化发展的新时代,人们的思想意识和观念也随之产生了变化,这种大氛围的改变使学生的思想、个性也从根本上发生了深刻改变,从而需要更丰富、更新鲜的教学内容来刺激他们的神经,激活他们的学习动力。但是在今天,大部分院校的英语翻译教学内容仍旧大量来源于传统的教材,这些传统教材的专业性一般都较强,且比较偏重理论,但是无法反映现代社会的社会现实。同时,能够反映时代信息的科技、外贸、影视、媒介、法律、军事等题材的教材很少。在这种情况下,学生不仅无法掌握更多的相关专业知识和专业术语,也无法更好地进行翻译学习和实践。

此外,有的学校给所有专业的学生都配备相同的翻译教材,但实际上专业不同的学生对英语翻译的需求也是不同的,因此,这种情况不仅不能满足各个专业的教学需求,而且会导致学生学不到和自己专业相关的语言知识,更无法学到更多的翻译技巧,导致学生的学习兴趣大减,学习的积极主动性也受到很大的打击。可见,在现代社会环境下,英语翻译教材的内容是否新鲜和全面都会在很大程度上影响学生的英语翻译学习,以及英语翻译能力的培养和提高。因此,使英语翻译教学内容与时代同步已经成为英语翻译教学改革刻不容缓的重要举措。

五、从翻译教材角度分析

目前的翻译教材一般都会涉及翻译理论知识(翻译技巧和基本技能)的讲解,而这些基本理论的讲解对翻译的初学者来说是非常必要的,俗话说"没有规矩不成方圆",因此,对于初学者来说,如果没有一定的翻译技巧和技能的指导和制约,他们便不知道如何才能更好地翻译,也不知道自己的翻译是好还是不好。然而,由于目前高校所使用的翻译教材不太容易进行举例教学,且其中的文学类例子较多,对于翻译初学者来说较为困难,而适合他们的、简单的、基本的例子则相对较少。同时,这些教材还存在一定的滞后性,教材内容大多滞后于时代的发展,因而缺乏合适的、时代性强、信息性强的翻译例子。在这样的情况下,学生会因为教材内容较难或较为乏味,不能引起他们学习英语翻译的兴趣而厌学。最后,从教材设置上来看,大部分的教材都更加重视学生听说能力的提高,对于学习能力的培养也都有专门的辅助教材,而提高学生翻译能力的辅助教材的数量却相当少。在教材中,翻译练习的数量也较少,即便有练习,也大多为汉译英练习,也就是说学校在对学生翻译能力培养的认识上存在着一定的误区,使不少学生只要提到翻译,就会下意识地认为是将汉语翻译成英语,却在很大程度上忽略了英译汉能力的提高。在非专业英语教材中,很少甚至没有提到英语翻译的技巧及理论问题,这就使很多学生只知道翻译实践,却不重视翻译的技巧及理论的学习。针对上述情况,建议教师首先要确立将翻译作为语言基本技能来教的指导思想,充分利用精读教材所提供的语言活动材料,把翻译知识和技巧的传授融入精读课文的教学中,有意识地培养学生的翻译能力。

第三节 混合式学习在高校英语翻译教学中的应用

一、基于POA的"中西文化对比与汉英翻译"混合式教学思路与设计

(一)教学整体思路

通过分析"产出导向法"的相关理念可以看出,教师在教学的过程中应该发挥中介的作用,教学活动也应该秉承"全人教育说"的教育宗旨,并且在正确教学假设的前提下开展具体的教学。

根据此种理论,教师在制定教学流程的时候应该注意以下几点:①教师

应该在网络平台上进行语言材料以及学习任务的布置,对于学生来说,可以让其根据自己的水平制定属于自己的学习任务;②教师在布置任务的时候应该辅以相关的学习材料,这样学生在写作业的时候就可以根据相关的材料进行任务的学习;③学生的学习任务完成之后,就可以在班级内部进行任务的展示。

(二)教学流程设计

1.驱动设计。"驱动"环节会对学生的学习兴趣产生很大的影响。在产出导向法理论的指导下,"驱动"的具体要求为:教师应该提前给学生列出谈论的话题,并且应该将具体的交际场景呈现出来,这样就可以让学生及时发现自身语言的不足,从而产生强大的学习动力。

"驱动任务"并不能通过个人的力量完成,而是需要同学们组成学习小组完成。在班级内,教师可以将学生分成几个小组,每个小组的人数控制在六到八个人比较合适,并且应该让小组成员选出一个负责人,在具体进行任务设置的时候,小组就可以根据自己的情况填写小组手册,此时教师主要应该提供咨询服务。

"驱动"环节可以在课堂开始之前完成,在课前一周,教师就可以将相关的学习资料传到自主学习平台上供学生查看,并且应该制定一些具体的教学目标,从而不断激发学生的学习兴趣。至于相关的任务,应该让学生在规定的时间内完成。

教师在提供资料之初,就应该充分考虑学习任务单,从而给学生提供语言生动并且图文并茂的材料。学生可以根据自己的水平进行学习资料的选择,开展自己的自主学习,在遇到不明白的知识点的时候可以将其总结并提交给小组负责人,如果问题具有普遍性就可以上报教师。

通过此种方式,教师能够不断掌握学生的学习情况,这样在进行课堂教学的时候就可以做到有的放矢。那些发布在网络以及微课程上的学习资料,是非常利于学生的自主学习的。在课堂开始之初,教师应该做好课前的辅导工作,并且应该引导学生对遇到的问题进行总结,这样教师在课堂上就可以有针对性地进行讲解。

2.促成设计。在该环节,教师应该注意以下几点:①教师应该有针对性地根据学生学习过程中的一些重点难点进行分析,在讲解的时候,应该多运用启发式的教学策略,多引导学生进行自主思考,并且应该确认学生是否掌握了相关基础的知识;②教师应该根据学习任务单,让小组内的成员展开讨论,让学生表达自己的观点,此时,教师应该起到良好的监督作用,并且应该密切关注不同学生的参与状况,从而保障教学质量;③在规定的时间截止后,教师应该对整堂课进行总结回顾,并且评价课堂的优点和缺点,这样可以利于下次课堂更加顺利地开展。

3.评价设计。这是产出导向法的最后一个环节,但是,这一环节非常关键。所以,教师应该认真对待这一环节,并且在评价的时候应秉承公开公正的原则。

在深入分析混合式学习的特点以及相关的产出导向评价之后,教师就可以据此制定一些科学的评价体系以及测试体系,从而为学生开发个人档案。首先,教师可以通过网络平台上的相关数据对学生的学习进程进行考察,并且分析讨论发帖子的数量。其次,在组织课堂的过程中,应该有一定的展示活动,同时教师应对小组的总体情况进行评价,并进行总结。最后,在进行学期总评的时候,应该将其纳入小组评价手册以及档案中,从而将形成性评价与终结性评价结合起来。

二、基于翻转课堂的混合式教学模式下大学英语翻译课堂的具体设计

(一)课前预习阶段

在一般的情况下,教师应该提前一周布置学习任务,学生应该提前对将要学习的知识进行预习与了解。对于大学英语翻译课程来说,该部分的内容应该涉及翻译的一些基础理论知识,并且也应该将翻译者的基本素养纳入其中。

当然,翻译学习少不了大规模的实践练习。在翻转课堂的教育理念下,教师应该把课程所涉及的知识点以及相关的翻译知识传达给学生,让学生在课下能够进行自主预习。

学生可以获取不同的资源,比如,通过查看教师下发的那些知识点活页,

或者是通过浏览网上的资源进行自主学习,当然,学生也可以自己从网上搜索相关的资料进行自主学习。

通过不同的渠道进行信息的搜集对于处于信息时代的学生而言是比较简单方便的,在搜集资料的时候,学生不会受到时间或者空间的限制,具有很大的自由性。

同时,对于不同阶段所需要学习的理论知识,教师还应该设计一些练习的部分,发放给学生,从而让学生能够理解相关的理论知识。

(二)课中互动阶段

当前的英语课程并没有设置相关的翻译课堂,所以,在有限的时间内,教师更应该合理安排时间,让学生有足够的精力进行翻译训练,训练时间一般为15—20分钟。

在学习的前期,学生一般都是进行自主学习,时间约15分钟。在这15分钟的时间里,教师也可以对学生的所学进行抽查,可以让学生分组讨论之前的翻译练习题,并且通过小组讨论,给出一个最佳的答案。据此,教师就可以判断学生课下预习的效果。如果课堂上还有足够时间的话,教师就可以继续提供一些相关的练习题让学生进行练习。

(三)课后巩固阶段

要想使学生拥有强大的翻译能力,就离不开大量的翻译实践。对于非英语专业的学生来说,实践也是比较重要的,所以,课后的巩固是必不可少的。除了要求学生进行一定的书面练习之外,还应该鼓励他们多到校外进行实践练习。通过实践过程,学生就可以不断总结所学知识,从而将理论与实践更好地结合起来。此时需要注意的是,教师应该和学生强调学习日志的重要性,让学生坚持记录,并且应该及时将学习日志上交。

三、产出导向法在商务英语翻译课程混合式教学中的应用

1.驱动。在上课之前,教师就应该将学习任务单发布在教学平台上,这样学生就可以领取具体的任务进行学习,之后学生可以观看相关的视频。之后教师可以给学生安排一些文字资料进行学习,比如《商标翻译的原则》等,这样学生就可以根据比照学习任务单,检查自己的任务掌握情况,同时,学生还可以就自己不明确的地方向教师请教，教师可以根据具体的情况给予学生一定的指导，并给出一定的建议。

2.促成。根据学生课前自主学习的相关情况，教师可以在课堂上提出一个具体的任务，假设你是某品牌食品厂的业务员，那么你应该如何进行产品的推广，使其在市场广受欢迎？在翻译的时候，应该遵循什么样的语言特点呢？在课前可以让学生观看相关的视频与资料，从而掌握部分商标翻译的语言特点与翻译原则。

首先，教师可以通过观察学生的反馈从而明确学生的知识掌握情况，对于不同的学生而言，他们对文化因素的重要性的认识程度是不同的，所以，教师应该据此加强学生对文化因素的认识。

其次，教师可以引导学生进行相关翻译技巧材料的阅读，也可以在一些相关的平台上进行文化差异的深层次分析，从而明确中西方文化的不同。为了让学生获得更好的学习效果，教师可以采用对比的方式，让学生明确好的译文和差的译文之间的差异，从而让学生明确准确翻译的重要性。

最后，可采用小组的方式进行讨论，从而选择出最合适的品牌商标的翻译结果。

3.评价。教师在对学生进行评价的时候可以在网络教学平台上进行，也可以让学生进行学习目标的互评。教师及时进行反馈总结，纠正学生在语言层面、知识层面和文化层面的错误，提出明确的改进办法，提升学生对商标词语美、音韵美、意境美的认知，以巩固教学效果。

第五章 高校英语教学中的文化教学改革

第一节 文化教学在高校英语教学中的地位和作用

一、文化教学的概念

(一)文化教学

文化教学实际上是针对传统的只注重语言本身的语言教学弊端而言的,它们应该是同一整体中的两个不同的方面。

(二)文化教学不应该看成是与语言教学对立的单独系统

文化教学是语言教学过程中的辅助形式,它们的语言材料相同,教学方法也相同;英语教学脱离开语言教学的本体,就谈不上还有什么文化教学,更谈不上有单独系统的文化教学。

(三)我们理解的文化教学

我们理解的文化教学指在英语教学的语言教学过程中移入该国相关文化知识和文化背景知识,该民族的思维方式,中西文化对比等的教学过程、教学形式和教学方法,同时也包括开设与语言教学有关的语言文化学专业课程。

二、文化教学在英语教学中的地位

(一)文化教学可作为英语教学的基本原则

在过去相当长的一段时期内,我国的英语教学严格地说都没有突破单纯语言知识、技能、熟练训练的框框,教学主要是围绕词语结构或句型进行和展开的,所以学生学到的更多的是语言表面的、孤立的知识或单纯的词语指称意义,这与英语教学的培养目标是不相适应的。成功的英语教学应当把培养学生实际运用语言的能力放在首位,这种能力就是我们所说的跨文化交际能力,但跨文化交际能力的培养没有文化理解能力作为基本内容是不可能达成的。文化教学既强调学习语言知识的广度,即语言与文化、语言与国情的横向关系,同时又强调学习语言的深度,即向学生传授语言本身所包含的丰富的民族文化信息。实践证明,在英语教学中向学生讲授语言中蕴藏的文化背景知识,不仅是一个重要的教学方法,而且是一项重要的教学原则。贯彻这一原则,可以有效地弥补传统外语教学内容的缺陷,从而进一步提高学生运用和掌握语言的能力。

(二)文化教学可作为英语教学的有效手段

英语教学的目的是既要向学生传授基础语言知识,培养学生的语言能力;又要对其进行文化移入,以使其更好地掌握语言,获得跨文化交际的能力;还要实现一般英语教学都必须完成的教育培养任务。文化教学与语言教学相结合,可以成为实现这一目的的有效手段。传统的英语教学常常把语言作为与母语不同的一种符号体系来进行传授,学生除了获得一些单纯的语言知识和语言运用方面的技能外,文化适应能力普遍较低。而文化教学强化语言的社会文化功能,着力于开发语言的民族文化信息。它不单单地为语言而去教语言,或把语言仅仅作为一种符号和工具去传授,而是把语言教学与获得文化知识、文化习俗和语言行为能力以及掌握该语言的民族所创造的文化财富等有机地结合在一起。这样,学生在语言习得过程中,也同时获得了对目的语言的文化的习得,从而使语言教学的教育目的得以实现。

(三)文化教学可作为英语教学的重要内容

传统的英语教学把教学内容基本上分为听、说、读、写四个大的方面。当然,这是学习语言要掌握的四大技能,是学习任何一种语言都离不开的,这对着力于打好语言基本功的英语教学来说,是教学的中心任务。但是,仅有这些是否就够了呢?回答应该是否定的。上面已经谈到,这四大要素只不过是语言习得的几大部分而不是整体,文化知识也应作为英语习得过程中的重要内容,当然,英语教学是否需要把语言中包含的文化知识作为一门单独的学科进行教学还值得研究。但我们认为,至少可以作为教学中的一项重要内容给学生进行传授。因为我国几十年的英语教学实践已经证明,语言离不开一定的文化,语言教学不讲授文化知识是不全面的。

(四)文化教学可作为英语教学最主要的方法

我们曾把英语教学的实质界说为"交际"或"文化适应"。那么毫无疑问,施行以"交际"为实质的英语教学,行之有效的方法应该是采用跨文化交际教学法。该交际法的核心特征是"信息转换",即体现为"语言""使用"和"文化"三个过程。开展文化教学就是实现这三个过程的最主要的方法之一。因为我们知道,英语教学中的文化教学区别于其他语言学科的一个显著标志就是它同时兼有语言学、文化学和教育学的性质。

从这点上讲,我们可以对文化教学做如下简要结论:①英语教学,不但要使学生掌握英语语言知识,还要使其懂得用英语进行交际所需的各种文化背景知识;②英语教学,不但要使学生学会英语的语言规范和语言行为准则,还要使其学会交际所需要的非语言规范和非语言准则;③英语教学,不但要进行语言教学,还要进行相应的文化移入,后者为前者服务,以保障学生跨文化交际的正确理解和表达;④英语教学,不但有母语的干扰作用,且有母语文化的干扰作用,只注意前者而忽视后者,便会造成跨文化交际中的文化负迁移;⑤英语教学中,母语文化的干扰作用是可以通过文化比较的方法加以预防和克服的;⑥从事英语教学的教师应当同时具有较高的母语与所教英语的文化素养,教学过程中的文化意识及文化比较意识也是施行文化教学的必要条件;⑦文化教学要结合所教授语言知识的内容进行,并用所教英语作为教授工具。

三、文化教学在英语教学中的作用

(一)文化教学可以激发学生的学习兴趣

学习英语必须具有一定的学习动机,而动机又来自学习兴趣。对于这个问题,古今中外的教育家都有过不少精辟的论述。但是,我国传统的英语教学对此似乎还缺乏有深度的认识和实践。这种现象不仅表现在教学中,也表现在教材中。心理语言学的基础理论告诉我们,兴趣是最好的老师,是学生学习活动的内驱力。西方文化的异域风情能唤起学生的好奇心,激发学生的学习热情。值得一提的是,文化教学不仅有利于培养学生内在的学习兴趣,激发学生的学习热情,而且有助于调动教师授课的兴趣和积极性。由于教学活动不再仅仅停留在词形变化、遣词造句、语法结构等纯语言知识范畴,而是与教授语言中的文化背景知识同步进行,这就使教学内容和形式由原来的枯燥、单调转向生动和丰富,从而激发起教师教学的积极性和创造性。

(二)文化教学可以优化学生的知识结构

我们知道,文化教学通常是通过所学语言本身向学生传授文化知识的,学生可以通过语言获取所学语言国的人文、地理、历史、政治、经济、教育、文化、社会制度、生活方式、风土人情、社会传统、民族习俗、言语礼节以及民族心理、伦理道德、行为规范、传统观念等一系列知识,从而使学生的知识结构发生"优化"。因此,我们说,文化教学是对所教英语综合的、整体的、多层次的分析和观察,能起到优化学生知识结构的作用。

(三)文化教学可以优化学生的能力结构

文化教学致力于英语教学交际文化各因素的揭示,给英语教学移入诸如语构、认知、语用等交际文化知识,以及身势语、社交礼仪、交际环境、交际方法、交际态度等方面的非语言文化知识,这无疑能有效促进学生跨文化交际能力的生成。尤其是语用文化因素的移入,使学生在解决说什么的问题后进一步提升其语言的实际运用能力。防止和克服"社交语用失误",即"因不了解谈话双方文化背景差异而导致的语言形式选择的失误",有效解决怎么说、怎样说更得体的问题。此外,文化教学还可以解决话语行为的准确度问题,并对交际模式的选择、话语结构的优化、个人言语行为能力的提高等有直接的影响作用。这方面的例子不胜枚举,如英语中最常用的 Please 一词的使用场合问题就是一例。人们往往认为 Please 的意思就是汉语里的"请"。但英语中让别人先进门或先上车时,就不说 Please,一般说 After you;在餐桌上请人吃饭、吃菜、喝酒时,一般也不用Please,而用"Help yourself to something."。

(四)文化教学可以提高学生的社会文化能力

社会文化能力是知识背景的深层次结构,也是透过语言的外表进而对语言所反映的内容的综合理解能力,因此,它属于背景知识的范畴。我们在英语教学实践中经常听到学生这样说:"我的听力不好""我的阅读能力差""我记不住单词",等等。实际上,一个人能否听懂一段话、读懂一篇文章和有效地记住所学的英语单词,并不完全取决于学生的听、读以及记忆的能力和技巧。在这些能力和技巧之外,有一个十分重要的因素——社会文化能力或文化理解能力。显然,文化教学的性质恰恰是以培养文化理解能力,即社会文化能力为出发点和归结点的。从另一个角度讲,英语教学的目的是培养学生的跨文化交际能力,而文化理解能力本身就是一种交际能力。所以,培养文化理解能力亦即培养跨文化交际能力,前者是后者必备的基础和条件。

第二节 语言教学与文化教学

一、语言教学与文化教学的定位

讨论语言教学与文化教学的关系,首先有个如何界定英语教学基本性质和特征的问题。毫无疑问,英语教学作为一个单独的学科,就教学形式、内容和目的而言,必然有其既趋同于又区别于其他教育学科的种种特征。首先,它是语言教学,具有与其他各种语言教学相同的一般性质;其次,它又是非母语教学即第二语言教学,因而具有与母语教学不同的性质特征和特点,那就是跨文化的性质和由于跨文化而带来的种种差异。这就决定了英语教学同时具有性质的双重性、特征的双重性和过程的三重性等特点。性质双重性即为上述的语言教学的普遍性和非母语教学的特殊性;特征双重性则体现为既有母语干扰同时又有母语文化干扰的双重因素;过程的三重性表现为在重构语言规则系统的同时,还要重构语言使用规则系统和文化规则系统,即同时实现语言、使用、文化的三个过程。这便是我们对英语教学本质及特征最基本的认识,也是我们深入讨论语言教学与英语教学相互关系的立足点。

基于以上认识,我们认为语言教学和文化教学在英语教学中的各自定位问题就比较容易解决了。显然,英语教学中的语言教学是第一位的,因为它具备一般语言教学所具有的基本性质:内容是语言知识的传授,方法是语言教学法,教授者是懂得该语言的教师,学习者是以该语言为学习对象的学生。无论是教学对象、教学方法还是教学主体,都首先与语言本身有关,而不是与此无关的别的内容。因此,我们认为语言教学在英语教学中具有"本体的性质"。所谓本体性,指其有本质的、不可动摇的首要地位:它既是教学永恒的基点,又是教学不变的主题,还是教学根本的出发点和归结点。离开或偏离该本体,也就谈不上英语教学。而文化教学则是英语教学的特有形式,并不具有一般语言教学所有的普遍的性质和规律,因此它在英语教学中是属于第二位的或次要的或"辅助的性质"。所谓辅助性,是指它不占有本质的、主导的地位,它的实施归根到底是为实现语言教学之根本目的服务的。正确认识这一点十分重要和必要,因为它规定了文化教学的性质——从属于语言教学,也限定了文化教学的实施范围——不超出语言教学特定的"区域"。性质和范围的确定,是我们有效克服目前英语教学中存在的"文化缺乏症"或"泛文化症"的可靠保障。

二、语言教学与文化教学的相互关系

"本体性"和"辅助性",是我们分别对语言教学和文化教学所作出的基本定位。那么,作为具有两种不同性质和特征而又同时存在于英语教学中的语言教学和文化教学来说,它们之间又是怎样的一种关系呢?大量研究成果和实践都证明,它们之间的关系具有同步性、互补性和兼容性的特点。

所谓同步性,一方面指语言教学与文化教学的过程是同步进行的,在第二语言教学的同时进行第二文化教学;另一方面还指语言习得机制与文化习得机制是协调一致、同时共进的,即我们在习得第二语言的同时,也习得了该语言所包含的文化。当然,先决条件必须是在语言教学的同时也进行相应的文化教学。正如有学者指出的那样,在学习第二语言的时候会"形成一种自我疆界","学习第二文化的目的就在于超越这种自我疆界,或者说扩展这种自我疆界,消除两种文化接触时所产生的障碍,使自己处于目的语国家人民的位置和思路上,达到移情的理想境界,这就获得了第二个新的自我认同"。可见,第二个新的认同的获得,只有在第二语言与第二文化同步学习中才能实现。

所谓互补性,是指语言教学和文化教学是互为条件、互为补充的。从互为条件上看,离开了语言教学,文化教学就失去了赖以生存的物质条件,就会成为无米之炊、无本之源。而脱离文化教学的语言教学便会出现"营养缺乏症",显得"瘦弱"而"乏力",教学内容枯燥而无法激发学生应有的学习兴趣。从能力培养看,仅传授语言知识而不进行相应文化知识的教学,培养的学生充其量只拥有语言能力,而难以具备真正的跨文化交际能力。从相互机制看,语言教学是文化教学的基础和必要条件,而文化教学又能"反作用"于语言教学,拓展语言教学的深度和广度,有效提高语言教学的质量。

所谓兼容性,是指教学过程的实施和教学目的的达成,必须把语言教学与文化教学有机结合起来,使其达到"有机化合"的效果。现代教育理念告诉我们,英语教学不结合所学语言国的文化是一种不完全的或残缺的教学,只有把语言教学与文化教学合二为一,或寓文化教学于语言教学之中,才是现代意义上的完全的教学。这是从教育理念上说的。另外,从语言与文化水乳交融的固有的内在关系看,兼容是一种必然,人为地割裂则违背语言与文化关系的本质,也背离语言教学之规律。语言是"符号的文化",是文化的一种表现形式,而文化则是包括符号文化在内的"人化"。它们之间的关系是我中有你,你中有我,相互兼容,又相互制约,不可分离。

三、语言教学与文化教学相结合的条件

(一)一套适合文化教学的教材

从我国现行的主要几套英语教材看,尽管在编审过程中已经注意到了语言文化材料的选择和增加语言文化知识等问题,如选编一些典型的语言文

化课文,在课文后对语言材料作些文化背景注释,加强语言材料的交际性和实用性等,但就总体而言,它们在揭示和体现语言的文化内容方面仍是不够的:一是没有确定语言文化知识的最低量,选材时过多地考虑了材料的难易程度和语法项目的安排;二是没有对语言文化知识的掌握作出明确的规定和要求,而只是作为教学的一种辅助性工具;三是语言文化的注释范围过于狭窄,内容也比较简单,只限于专有名词和习惯用语等;四是没有列出语言文化知识的专项或综合练习等。从以上四个方面可以看出,现行教材在总体设计上遵循的依然是"知识性语言教材"的传统思路,而不是"交际性语言文化教材"的新思路。

从这些教材的教学内容、教学范围和教学层次看,在文化体现问题上似还存在几个共同的缺陷:①缺乏系统性;②缺乏层次性;③缺乏准确性。

以上是就总体情况而言的,实际上每套教材的具体情况各不相同,有的选材较好,所选语言教材中含有大量语言文化信息,因而便于语言文化教学;有的选材本身就有问题,难以按文化背景原则显示其文化内涵。所以,一套好的教材十分重要。

(二)教师的跨文化交流素养和意识

显然,仅仅有语言材料,不能运用相应的教学方法或师生两主体尤其是教师缺乏应有的文化素养和文化洞察力,也是很难将语言教学与文化教学有机结合到一起的。

课堂教学一直是学生学习英语的主渠道。随着社会对外语运用能力的要求越来越高,外语教师所肩负的责任也越来越大,其承担着语言教学与文化传播的双重任务。要想搞好英语教学中的文化教学,教师不但应有深厚的语言功底,还必须具备较高的英语文化和汉文化的修养及很强的跨文化意识。在教学中要将这些文化和意识传授给学生,使其内化于思维之中并能服务于语言运用。这样的英语教学对教师的素质提出了更高的要求。为此,英语教师要不断加强自身业务学习,提高自己有关中西方文化的综合素质,提高跨文化交流意识,才能担负起在英语教学中文化教学的历史重任。

(三)正确处理语言教学与文化教学的关系

正确处理好语言教学与文化教学的相互关系,同样也是搞好英语教学的必备条件之一。对此,我们认为最重要的还是首先要摆正它们各自的位置,既不可用语言教学来替代文化教学,犯"文化缺乏症";也不可"本末倒置",以文化教学来冲击语言教学,犯"泛文化症"。就此强调以下两点:一是英语教学中,语言教学过去是、现在是、将来也必定是最主要的一环,但同时还应该有背景知识的文化教学,两者不可偏废;二是英语教学中,人们往往习惯于重视显性的语言,而忽视隐性的文化,因而着重强调文化教学的重要性,在一定的阶段是对的,也是必要的,但必须要有个"度",任何时候都不能过了头。此外,要正确处理好语言教学与文化教学的关系,我们认为还需要从宏观出发,真正从理论上认清语言与文化、语言能力与跨文化交际能力,以及英语学科与其他有关学科之间的关系。唯有这样,方能高屋建瓴,语言与文化教学才能真正合二为一,齐头并进。

四、英语教学中跨文化交际意识的培养

(一)师生双主体意识的培养

教学的过程是作为"教"的主体的教师和作为"学"的主体的学生双向交际的过程,离开两主体的双向交际,而只局限于其中的任何一方,就难以有效达成教学目的。跨文化交际意识的培养也是如此。过去往往只强调教师主体在教学中的主导作用,而忽视另一学生主体的积极性和创造性,实践证明这是有百害而无一利的。因此,我们说跨文化交际意识应该是一种双向的意识,不但教师要有,学生更应该有,从而使教师既是语言教师,同时还是文化教师,学生既是学语言的学生,亦是学文化的学生。

(二)交际意识的培养

交际是语言最基本的功能,也是英语教学的实质体现。跨文化交际脱离交际这一英语教学的核心,就失去了其存在的意义。倘若教学中的师生两主体缺乏强烈的交际意识,即不从交际的目的以及交际的形式出发去理解和把握英语教学的全过程,势必会削弱教学基本功能的发挥,影响学生跨文化交际能力的生成和提高。从教学内容和教学形式上看,就会有意无意地走"老路",把注意力集中在纯语言形式的教学上,而不去注重学生跨文化条件下综合运用语言能力的培养。因此,我们认为培养交际意识是首要任务。

(三)文化对比意识的培养

文化对比意识指对目的语与母语、目的语文化与母语文化进行对比的意识。唯有对比方能发现差异,方可有的放矢地进行语言与文化知识的教学。对比不能仅限于表层的形式对比,还应该有深层的内涵对比;不仅要进行语言的对比,还要有非语言的对比;不仅要做语言、非语言形式与意义的对比,还要做语言交际行为的形式与意义对比。对比的目的主要是发现异同,以便跨文化交流顺利进行。

(四)对文化敏锐的洞察力

语言或语言使用中包含着许多文化因素,有些是显性的,但更多的是隐性的,属深层次的文化背景知识。教学中若对此缺乏应有的认识,就难以揭示语言中深刻的文化内涵。这就要求我们对文化因素要有相当的敏感度,尤其是对文化相关现象的洞察,切不可被貌似相同的形式和相同的意义等表面现象所迷惑。另外,洞察意识还要求正确区分出教学中两种不同功能的文化因素,即什么是知识文化,什么是交际文化,以便有针对性地进行交际文化教学。当然,是否有洞察意识还取决于师生两主体本身文化素养的高低。因而,只有大力提高自身的文化素质,尤其是两种语言与文化的素质,才是确保具备洞察意识的关键。

(五)文化鉴别能力的培养

文化鉴别能力包括两个方面:一是去伪存真;二是去粗取精。所谓去伪存真,就是从纷繁多样的文化因素中,去掉虚假的、表面的东西,而保留真实的、典型的东西。也就是说,对于交际文化因素要选择那些具有真实和典型意义的部分,即能如实反映所学语言相应国家的现实的材料,而不是虚假的或孤立的、属个别现象的材料。所谓去粗取精,就是通过有目的的选择,除去文化因素中消极的糟粕的部分,而留取积极的、精华的部分。这一点对我们来说至关重要。因为语言除有交际功能、文化载蓄功能外,还有其特有的教育功能。我们切不可不加分辨,一味地照搬照抄。对于西方文化,应有足够的鉴别能力。

(六)存我意识的培养

西方语言教学界曾流行这样一句话:一旦学了英语,你便再不是原来的你了。它说明这样一个事实:英语教学中通常会出现"文化同化"现象,即自觉或不自觉地用英语文化的思维方式和表达方式来"规约"自己的语言行为。究其原因,是"因为学习英语几乎每时每刻都要理解生活在另一种文化中的人"。当然,单从掌握语言的角度看这是对的,也是英语教学的目的所要求的,但若从文化角度看就不一定合适了。失去自我文化而一味地追求英语文化,绝不是正常现象。我们说跨文化交际是语言与文化的双向交际,但完全失去"我"文化的交际岂不变成了单向文化交际!因此,我们认为英语教学中保留一定的自我文化是必要的,但大可不必以牺牲自我文化而求取英语文化。在这方面,教师要做正确引导,使学生具有"存我意识"。

第三节 高校英语教学中文化教学体系的构建

一、英语教学中文化教学的目标定位

(一)提高跨文化交流意识

长期以来,第二语言和文化习得被认为是一个归化于"目的语文化"的过程。就第二语习得来说,近似于本族人语言的地道性也许无可厚非,但就第二文化习得而言,归化于"目的语文化"的"文化同化"现象不应当视为是英语教学的成功之处。事实上,不仅习得者自己对这种"文化同化"往往在情感上很难接受,而且目的语社会也同样不一定会接受所谓"同化"了的英语习得者。

文化教学的目的并非要让学习者变得越来越"外国化",而是要通过外国语言文化学习的"跨文化对话"让学习者具备跨文化的交流意识和理解意识,做到母语文化与第二文化的互动。

(二)文化融合的目标:1+1>2

在英语的学习过程中,英语与母语的水平相得益彰;英语文化与母语文化的鉴赏能力相互促进,学习者自身的潜能得以充分发挥。该种"生产性"的学习模式对于英语教学中的文化教学来说同样是一种最佳模式。英语教学中文化教学的目标并不是要让学习者归化于"目的语文化",也不是两种文化在学习者身上的简单累加,而是要让母语文化和第二文化在学习者身上形成互动,让学习者具备文化创造力。

二、英语教学中文化教学体系的构建

(一)构建英语教学中文化教学体系的必要性

1.国内英语教育界长期以来对与英语教学密切相关的文化教学不够重视。过去,我们一直受语法、翻译法、听说法等主导教学思想的影响,重视语言形式,而不重视语言运用,对语言习得与文化习得的密切关系更没有充分的意识。即便是在目前的交际法教学实践中,"穿新鞋,走老路"的情况实际上还在一定程度上存在,教师们往往习惯于把重点放在语言形式的教学上,而对交际能力的培养和跨文化因素的教学则流于形式。

2.与国内语言理论研究重点的导向和语言与文化研究的现状有关。在过去一个时期,国内语言学研究以内部语言学为主流,语言的结构形式也就成为我们英语教学的重点。近十多年来,外部语言学的研究逐渐兴盛,于是英语教学中的文化问题也日益引起研究者的重视。虽然语言与文化的相关研究正在向更深层次发展,但总的来说,研究的系统性和深度还不够。尽管高校和中小学教师中有不少人去过英语国家考察,但他们占整个英语教师的比例尚小。许多英语教师仍然缺乏对英语国家文化的实际感受。

由此可见,由于观念上对跨文化因素的教学不够重视,缺乏系统的理论研究作为基础,英语教学中的文化教学已成为公认的难题之一。因此,在教学思想上加强对文化教学的重视,同时加强语言与文化研究的系统性,并构建英语教学中的文化教学体系,已成为目前亟待解决的一个问题。

(二)构建英语教学中文化教学体系的可行性

第一,文化虽然意义宽泛,但并非不可把握。文化研究者发现,每种文化都有反映其本质的"文化核心"。所谓"文化核心""是由一套传统观念,尤其是价值系统构成的"。语言与文化的研究,往往以此为根本出发点,最终又以此为归着点。因此,这种可以把握的"文化核心"的内容即可成为构建文化体系的基础。

第二,英语教学中的文化因素主要涉及"交际文化"。"交际文化"指的是"两个不同文化背景的人进行交际时,直接影响信息准确传递(即引起偏差或误解)的语言和非语言的文化因素"。在语言与文化研究中和英语教学领域内对这部分"交际文化"进行系统总结,是切实可行的。

(三)构建文化教学体系的基本原则

1.重点突出。我们注意到,在国内的语言文化研究中存在这样一种现象,简单罗列中外文化对比的种种细节,而不进行系统的科学考察,更有甚者,做出的只是一些牵强附会的"对比"。在构建英语教育中的文化体系时,应避免这种倾向。要系统归纳影响英语交际有效进行的跨文化因素,以利于教学实践的操作。

2.注意这个体系与语言体系的密切联系。语言与文化水乳交融,切不可割裂开来。文化体系的各方面要能渗透到语言教学的各环节中去,使两者得到有机结合。

3.对比中外文化的异同。跨文化交际是为了交流,为了增进相互理解而进行的一种"对话"。我们重视文化差异,并非为了简单地排斥或盲目地模仿,而是要让学生具备跨文化的交流意识和理解意识。

4.要构建一个开放式的体系。文化始终处于多元状态和变化发展之中,试图对文化做归纳性的描述,多少会有"一家之言"的倾向。鉴于此,应尽量少做规定式的构建,以免让学生形成"文化定式"的倾向。

(四)文化教学体系的基本内容

英语教学中的文化教学体系应以英语民族的交际文化为突破口,以公开的文化和隐蔽的文化为主线,并注意对比本民族的相关交际文化。作为一个完整的体系,它应涵盖以下三方面的基本内容:跨文化交际模式;目的语文化背景知识;目的语的民族心理、价值观念和思维方式等。

以上三大方面内容可分别应用于文化教学的不同阶段。在英语教学的"初级阶段",文化教学应以"跨文化交际模式"为主,主要包括:典型的语言、非语言交际模式和主要的社会语用规则。在英语教学的"中级阶段",文化教学应以学习"目的语文化背景知识"为主,主要包括:语言的文化内涵、语体文化和英语国家的人文地理、风俗习惯。在英语教学的"高级阶段",文化教学应以了解"目的语的民族心理、价值观念和思维方式"为主,这一阶段的内容涉及深层和隐蔽的文化,如英语民族的时间观、空间观和价值观等,教学目标较前两个阶段也有所改变,主要着眼于培养学生的文化洞察力、文化理解力,以及文化创造力,即能够实现两种文化之间的互动。

当然,所谓"阶段侧重",并不意味着三方面内容的截然分开。其实,作为文化体系的组成部分,这三方面内容是相互交融的,而且,英语教学的每一阶段都有可能会涉及这三方面的内容。构建英语教学中的文化教学体系尽管是一项较为复杂的系统工程,但它不仅可以促使语言和文化研究更具有系统性,而且有利于英语教师对文化进行系统的教学,进而提高学生运用英语进行跨文化交际的能力。这一体系的构建成型,必将促进英语教育中文化大纲的制定,填补我国只有词汇、语法、功能大纲,而没有文化大纲的空白。这对于消除我国英语教学中的积弊、提高英语教育水平有着深远的意义。

第六章 高校英语探究式教学模式

第一节 探究式教学的基本内容

一、探究式教学的内涵

教师选择探究式教学,可以说是满足教学改革实际需要的理想方案。关于探究式教学,是基于探究这一基本特征而展开的一种教学活动形式,探究式教学包括的含义主要有两层:其一,什么是探究;其二,什么是探究式教学。

首先,探究这一词汇,就其本意而言,是探讨和研究的意思;其次,探讨这一词汇的含义就是探求学问、探求真理以及探求本源。最后,探究这一词汇的含义,就是研讨问题、追根求源以及多方寻求答案和解决疑问。由此可以引申出探究式学习的含义,即仿照科学研究的过程的一种学习方式。这一过程主要包括体验、理解以及获得科学研究能力等。

基于探究的学习,其概念是指学生通过自主参与获得知识的过程,而且它是一种积极的学习过程。探究的学习不是由教师思考好的现成结论,来让学生被动地接受,而是以学生为主体,让他们自己去思考应该做什么、怎么做。因此,我们说探究式学习除了是一种学习方式之外,还是教育教学的一个目标。

探究式教学对教师提出了新的要求,即通过理论来对实践进行指导,基于实践来总结新理论,并不断促进教学得到更好的发展。探究式教学具体来讲就是教师引导学生:一方面,引导学生围绕着相关学习内容进行深入探讨;另一方面,引导学生围绕着有关问题展开多方面的研究,寻找出可用于解决问题的具体方法。关于探究式教学的实施,其目的就是使学生在具体学习过程中,能通过自主、能动的方式,实现知识的掌握以及能力的获得,同时获得科学的方法,并且促进学生科学态度和科学精神的培养。

关于探究式教学的实质,就是在揭示科学结论的过程中,不仅有赖于提出科学结论的方式,还有赖于检验科学结论的结构方式。简单来讲,就是将提出的观念和所进行的实验告诉学生,除了要说明由此得到的结论之外,还要对这些结论转化成科学知识的相关解释进行说明。

二、探究式教学的特征

(一)重视师生互动

探究式教学强调学生的自主、合作,注重学生综合能力的培养,并强调学以致用,为学生的终身发展打下坚实的基础,这些都与培养学生的核心素养所追求的终极目标是一致的。

探究式教学的两个重要理论依据分别为建构主义理论和多元智能理论。建构主义理论的基本观点:学习是学习者在自己原有经验、知识、概念、技能、信仰、习惯等因素的基础上所进行的主动、积极的意义建构过程。多元智能理论认为,每个孩子都是一个潜在的天才儿童,只是表现方式不同。教师的教与学生主动学形成良好互动关系,是探究式教学的根本要意。

(二)重视过程和结果

首先,探究式教学要求教师指导学生,围绕着事物和现象,展开主动的研究,并通过探究过程,来对知识之间存在的内在联系进行理解,一方面实现对知识的灵活掌握,另一方面实现灵活运用知识的目的。

其次,探究式教学要求教师要将知识和科学方法二者有机结合起来,基于学生自身的知识,以观察、调查以及假设为代表的多种形式的探究活动,使学生经历收集、分析信息过程,并在其中收获自己的探究结果。通过探究式教学不仅可以培养学生的科学态度,还可以使学生的精神得到培养。

(三)重视知识的运用

关于探究式教学,其所具有的基本特点之一就是学以致用,简单来讲就是使学生的运用知识解决实际问题的能力得到培养和发展。通过探究式教学,一方面能实现综合提取知识;另一方面可以实现跨学科解决具有复杂性、综合性,以及涉及面广的诸多问题。

通过探究式教学,可以使学生在掌握知识、运用知识以及解决问题的过程中,既能够更加接近生活实际,又能更加贴近社会实际,从而使学生的实践能力得到培养和发展。

(四)重视学生的探究能力

关于探究式教学,在教学实践中,不要求教师主动将问题的结论或答案告知学生,然后再通过相关实验过程来对结论进行验证,而是要让学生以多种形式的探究活动,来体验获取知识的经验,使他们对新事物的新认识得以顺利构建,并使学生的探究能力得到培养。

探究式教学是一种以多样且复杂的活动情景,使学生获得多角度的、较为深层次知识的教学方法。这种方式有助于帮助学生建立起知识间的联系。因此,探究式教学是一种当学生在解决实际问题时,能够帮助他们更好地以"知识"为中心,展开灵活运用,从而更好地解决问题。也就是说,当学生的学习是自主的,是积极的,才能使学生的内在动机被充分地激发出来。

(五)重视从学生的已有经验出发

有相关认知理论可以证明,学生的学习是建立在他们已有经验的基础之上的。因此,要想激发出学生在学习方面的积极性和主观能动性,必须要从学生已有的知识和具体实际的角度出发,只有这样才能促使学习能够达成预期的教学目标。

三、探究式教学的意义

(一)能满足改革者的心理需要

随着教学改革的发展,要求探究式教学除了要能符合教学改革的实际之外,还要能充分满足改革者的心理需要。就当前我国的教学改革而言,其主要包括三个方面的宗旨:首先,要打破传统教学的束缚,即改变那些束缚学生手脚的教学方法以及教学模式等;其次,要遵循现代化教育的观点,即遵循以人为本的观念,最大限度地为学生创造空间;最后,要以教材中包含的基本知识为依据,重视学生创新精神的培养,同时重视学生实践能力的培养。

只要切实做到以上三点内容,教育改革就必然能取得一定的成效。这里所指的改革就是指对新的教学途径和教学方法展开探究,教育改革者在改革过程中的实际需要,可通过探究式教学来进行满足。

(二)能使班级教学更具活力和效力

对于班级教学来说,探究式教学的运用,能使其更具活力和效力。关于探究式教学的实施,首先,在教师教授方面,要最大限度地减少。其次,在学生自主发展的需要方面,要最大限度地满足。最后,能使学生实现在"活动"中进行学习,在"主动"中进行发展,在"合作"中进行增知,以及在"探究"中进行创新。这里所指的班级授课,是弊大于利的,这是因为在科学技术飞速发展的状况下,通过借助远程教育和网络教育,便可实现课堂教学的现代化,班级授课的方式抹杀了学生的个性,阻碍了因材施教的实施。

(三)能促进教师在探究中"自我发展",破除"自我中心"观念

关于探究式教学,它除了能帮助教师在探究中实现"自我发展"之外,还能破除教师的"自我中心"观念。就课堂教学改革而言,是具有很大的难度的,其主要原因在教师身上:一是教师的"自我中心"观念根深蒂固难以改变;二是教师长期沿袭传统的惰性相当顽固。

因此,通过现代教育理念,来对传统教学中的观念进行改变,是难之又难的。而教师要想改变自己的传统观念,首要的就是在实践中采用探究式教学,不但要对自身经验进行总结,还要不断汲取别人的经验,其中,也包括向学生学习。教师的角色在探究式教学的实践中,与传统教学实践中的角色有着很大的不同,主要表现有:由"台前"走到"幕后",扮演着"导演"的角色。在探究式教学中,教师除了要安排好适当的场景之外,还要能充分激发出学生的学习动机,使学生在教学中,由观众逐渐发展成为实际的参与者。

四、探究式教学需遵循的原则

(一)主体性原则

探究主体应该是学生,围绕要探究的问题,由学生自行合作探讨解决问

题的方案与策略,并付诸实施,遇到问题尽量自行解决或小组合作解决。事实上,无论是概念教学还是习题教学,当学生明确了要研究的问题之后,教师就要大胆放手让学生自行去研究,教师没必要作提示,否则学生的思维只会被束缚在教师提供的框架下,问题可能可以比较顺利地解决,但学生缺少了经历"磨难"的探究,他们很难对问题的本质有深刻的认识,也缺失了一次提升思维能力的机会。

(二)适切性原则

探究式教学在教学中的应用,关键要有好的题材,并不是所有的概念、定理都适用。所谓好题材是指有探究点、具有开放性。当然,从教材编写的意图来看,概念教学还是希望在教师的引导下,让学生自主探究习得,从而能让学生进一步掌握概念,更能理解概念的本质,与此同时,探究能力也不断提升。

(三)情景性原则

为激发学生的研究热情,要经常把教学问题置身于情景中,教材也应注重情景引入。情景有三重性,可以是生活化的,可以是学科自身的,也可以是与其他学科相连的。好的情景关键在于能否引发学生主动发现问题、思考问题,进而解决问题的兴趣。在每个概念引入之时,都注重了问题情境的创设。当然,教学可以尊重教材,利用好教材的问题情境来开展问题探究;亦可以结合要研究的概念,重新创设新的问题情境。总之,不同的问题情境,其所要达成的功效是一致的,即既能调动学生学习的积极性,又能与所要研究的主题紧密相连,通过层层探究,直接指向问题的核心。

(四)引导性原则

主要是针对教师而言,在探究教学中,设计好的导引问题非常重要,否则会使学生探究受阻,或者就是走形式。它应该是基于一个好的问题情境下的系列问题,能引导学生一个问题接着一个问题去探索研究,直指问题的核心。问题不在于多,关键要能把问题有效连接起来,便于学生精准研究开好探究引渠,唤得思维活泉。同时,探究如果缺失了教师的有效引导,那就等同于放任自流。在学生探究遇阻时,教师要及时地点拨、引导。

(五)坡度性原则

同一个探究性问题,由于学生能力的不同,可能实施探究的境况不同,因此,针对不同的学生,设计的导引性问题的难度、开放度也应不同,问题要贴近学生的"最近发展区"探究坡度的大小设计,应该基于研究问题的难度以及学生的认知水平,合适的跨度就是让问题能指向思维的"最近发展区",使学生能"跳一跳"够得着。跨度太大,往往会使探究受阻;而跨度太小,则不能激发学生的探究兴趣。

第二节 探究式教学的背景与现状

一、探究式教学概述

探究式教学又称发现法、研究法,其概念述说起来是指在教学中由教师引导学生围绕着一些事例和问题,以多种途径和方式来展开独立探究,如通过观察、实验、思考以及讨论和听讲等途径,来掌握教学目标要求的原理和结论。

关于探究式教学的指导思想,述说起来是由教师引导学生进行自主的探索活动。首先,使学生掌握关于问题的解决方法和步骤;其次,围绕着客观事物的属性进行研究,一方面发现事物发展的起因,另一方面找出事物内部的联系,依据这些内容找出其中存在的规律,并逐渐形成自己的概念。由此可见,在探究式教学过程中,不管是学生的主体地位,还是学生的自主能力,都得到了提升。

古希腊时期,在教育思想领域已出现了探究式教学的雏形,苏格拉底、柏拉图以及亚里士多德等人都作出过相关论述;例如,苏格拉底的关于平等的讨论,鼓励对方进行独立思考,通过启发的方式来使其思维始终保持一个相对活跃的状态。遵循了从个别到一般、从已知到未知、从具体到抽象的规律。真正对探究式教学进行系统的研究,则始于20世纪初的欧美等国家。

时至20世纪中期,学界对探究式教学的研究发展至高峰。自此之后,探究式教学成了以科学教育工作者为代表的诸多教育工作者关注的焦点。近年来,探究式教学更是成了各个学科的探讨热点。前人对探索式教学的研究,不仅为人们提供了丰富的启示,还有着极为重要的借鉴意义。

二、探究式教学——古代的探究

(一)古代的探究——西方

在西方古代,由苏格拉底提出的"产婆术",其主要内容就是强调由学生通过探讨来自主构建起自己的看法、观点和知识,这一学生的知识自主构建的过程,可以说是对学生的自主探究进行强调的典型范例。他曾说:"我不以知识授以别人,而是使知识自己产生的产婆"。

柏拉图在两千多年前创办的贵族学校中就主张:学生可以以他们将来要从事的工作性质为出发点,来接受不同的教育方式。其中,学生可选择的教育方式主要有以下两种:首先,一般性管理工作。针对将来可能从事这一类工作的学生,学校要讲授给学生的内容是一些在当时被视为绝对真理的知识。并且要求这个班的学生不仅要虔诚且无条件地接受来自学校教授的知识,还不能质疑;其次,成为统治阶层接班人。针对将来可能从事这一类工作的学生,教授他们不同于接受真理知识学生的思维方式。在这一个班级中,那些被视作真理传授给学生的知识,只是被当作一些具有参考价值的建议。学校要求这个班的学生,一方面要保持一个独立且清醒的头脑,要对各方面的知识就其合理性、全面性保持一个批判的态度;另一方面要具备对所学知识质疑并可以进行补充和完善的能力。

(二)古代的探究——中国

孔子对启发式教学的思想探求提出了自己的观点,强调学生通过自主、主动的学习方式展开学习。首先,孔子强调学生要善于寻找新知识,并以"敏而好学、不耻下问"的态度进行自主学习。其次,孔子强调学生的学习要将学与问相结合,自主地以自己的问题为出发点,展开自主学习,这可以说是探究的一种表现形式。最后,孔子还强调学与思相结合,主张学生在学习的过程中要勤于思考。这些内容就是孔子认为的学习的理想境界。

在看待探究的问题上,孔子的看法是非常辩证的。孔子主张思考要在一定程度上吸收前人的知识,这是思考的基础,他还主张基于前人的知识,在展开恳切提问的同时,积极联系周边的实际进行思考。

总而言之,孔子启发式教学的基本思想以及核心概念概括起来就是"博学、切问、近思"。

三、探究式教学——近现代的探究

(一)近现代的探究——西方

在科学教育界,还没有一个观点如"探究式教学"一般获得如此广泛的关注。在美国教育界,针对探究式教学展开的研究,获得了很多优秀的成果。在20世纪,杜威展开了对其理论与实践的探索,并提出了广受人们重视的观点。

杜威在教育领域引入了探究法,这是他为教育界作出的重大贡献。他在1910年和1916年分别发出版了《民主主义与教育》以及《我们怎样思考》两本书,这是杜威最为著名的教育哲学著作。他在书中从理论的角度出发,围绕着科学探究的必要性进行了论证,并基于研究提出了自己的见解,即"反思五步说",其内容简单来讲就是关于人的探究过程主要分为五个步骤,分别是暗示、问题、假设、推论以及检验。杜威提出,科学教育一方面是要使学生能够习得大量的知识,另一方面是要使学生掌握科学研究的过程。

在1916年,施瓦布教授提出了"探究式学习"的教学方法。这种方法相较于其他教学方法要更加具有可操作性。不管是学习方式的改革,还是教学方式的改革,都为新型课程形态的诞生作出了极大的贡献。

在20世纪50年代末与20世纪60年代初的推进发现式探究的运动中,布鲁纳肯定了发现学习具有的价值。他指出发现学习能够激发内在动力,促进发现策略的习得与发展,并促进对知识的牢固掌握。

(二)近现代的探究——中国

自改革开放以来,我国逐渐传入了一些来自西方的哲学和教育思想,也出现了许多探究教学理论,人们将这些理论应用到教学实践中,获得了显著的成果。在我国,针对基础教育而展开的改革进行得如火如荼,这是顺应时代发展的必然结果。教育改革要求学生要接受学习方式的改变,掌握探究式学习的方法。从教师的角度出发,探究式教学在教学过程中,针对学生自主与教师指导之间的关系,能够做到辩证处理。其中,强调教师要发现、倾听学生的个人思想观念,包括独特的感受和体验等,并针对学生的情况,引导学生进行有针对性的反思。从学生的角度出发,探究式学习不仅强调学生之间的相互倾听,还比较重视学生之间的交流与合作。

第三节 探究式教学的理论基础

一、认知发展理论

皮亚杰的认知发展理论认为,个体的智慧和认识是在与环境相互作用的过程中发展的。他认为个体的发展既不是由客体决定的,也不是由主体预先设定的,而是主体与客体不断相互作用、逐渐构造的结果。学习的目的不是获得越来越多的外部信息,而是在与环境的相互作用中掌握解决问题的程序和方法。皮亚杰提出:关于儿童认知的发展,始终发生于个体与环境的不断交互作用之中,是一个在同化和顺应的作用下,不断进行重建和发展的过程。

当个体在面临一个新信息时,偏向于将其进行同化,将其纳入已有的认知结构中。首先,若是同化的结果是成功的,那么,获得一种暂时性的平衡;其次,若是无法将新信息同化于原有的认知结构中,那么个体会通过修改的方式,来使认知结构更加适应环境,从而实现一种新的平衡。

另外,关于同化、顺应,其概念述说起来是一种双向的建构过程。这一过程,除了可以使新信息获得意义之外,还能促进原有认知结构的不断丰富、改造。同时,同化、顺应还是一种主动建构的过程,个体在这一过程中,要切实地参与进去,是一种在思维层面上的积极建构,而不是只在形式上摆弄某些材料。

探究式的学习更多的是发生在学生的头脑中的,并不是通过各种动手活动,来简单地对教材上的结论进行论证。实际上,探究式的教学会涉及许多带有开放、严谨特征的探索过程,包括提出问题假设、查找资料以及分析资料形成结论等。通过探究式教学,一方面,能使学生获得科学的概念;另一方面,培养学生科学的态度和素养,促使学生更好地掌握研究方法。

二、认知结构理论

布鲁纳的认知结构理论反映了美国心理学由行为主义向认知观转变的大背景,反映了皮亚杰、乔姆斯基等著名的结构主义者的思想精髓。布鲁纳对皮亚杰的认知发展理论进行了深入研究,但他并没有停留在对于儿童的智力和认识的描述性解释上,而是进一步提出了如何促进儿童的智力成长的学习理论和教学理论。

一个人把同类事物联系起来,组成赋予它们意义的结构,就构成了学习的实质,这是布鲁纳关于学习理论的观点。认知结构的组织和再组织的过程就是学习,知识的学习就是相关学科的信息能够被学生理解和吸收,并在学生头脑中形成合理的结构。学生学习任何一门学科的最终的目的就是要掌握这门学科的结构,并且通过其具有的编码系统或结构体系,学生可以将其表达出来。

布鲁纳认为,学生不是知识的被动接受者,而是积极的信息加工者,而学习过程也就成了一种主动发现的过程,教师可以通过发现学习把知识转化为适应学生发展的任何形式。发现学习不是布鲁纳的首创,但他从归纳推理和问题解决角度赋予发现学习科学的理论基础,并对发现学习的行动、要素和步骤都进行了深入细致的探讨。

布鲁纳提出发现学习有六个步骤:①提出问题。这一步骤述说起来是指提出能够让学生产生兴趣和好奇心的问题,而且这一问题必须是明确的;②感受问题。这一步骤述说起来是指使学生感受问题到底存不存在,以此来激发出学生的探究欲望;③提出假设。这一步骤述说起来是引导并提供给学生以多种可能的假设,帮助学生开阔思路;④收集资料。这一步骤述说起来是教师引导学生以问题为中心,收集与之相关的资料,并在这一过程中不断丰富学生的知识经验;⑤审查推导。这一步骤述说起来是指一方面组织学生以搜集到的资料为中心进行审查,另一方面引导学生以资料为依据推导出结论;⑥总结分析。这一步骤述说起来是指教师引导学生运用分析思维,来证实结论、解决问题。

发现学习强调发现的方法和态度,突出认识是过程而不是产品,这与探究式学习的核心如出一辙。而基于发现式学习提出的教学方式对探究式教学也有重大的指导意义。

三、人本主义学习理论

要探索心理学发展的未来走向,人本主义心理学最具有代表性。人本主义心理学重视人的价值以及人具有的发展潜能,强调人的自我实现的倾向,即人具有的发挥潜能的内在倾向。人本主义心理学认为,尽管认知心理学强调了人类的认知结构,但是却没有重视人类情感、价值等方面会对学习者学习所能产生的影响,因此,人本主义心理学对认知心理学是持有批判态度的。同时,人本主义心理学针对行为主义忽视人类本身特征的行为,即将人看作动物或机器的行为,也是持反对态度的。

人本主义学习论的诸多学者,都针对学习问题进行了研究,罗杰斯是其中的杰出代表人物,他提出:学习是个人主动去学习,并强调学习不仅仅是这个人走进学校学习知识,更是带着自己的感情和情绪还有自己原有的认知去学习,最终通过学习激发自己的潜能,健全自己的人格,实现自我价值。每个人是独立的人,每个人的性格认知等都是不同的,所以当不同的人遇到同一个事物时,他们的体会一定是不一样的。罗杰斯提出学习是一个有意义的心理过程。对于学生来说了解自己学习的目的至关重要。意义学习也是学习的实质所在。罗杰斯提出的学习理论,其特点体现在罗杰斯试图将认知与情感相结合,以此来培养出完整的人。罗杰斯关于学习问题的相关论述,使人们重新认识到在教育中情感所能起到的重要作用。

"以学生为中心"的原则,述说起来是由人本主义心理学家提出的核心教育原则。相关人本主义心理学家为了使以学生为中心的教育原则得到确立,在教学实践中,要求学生不仅要明晰自己的学习内容,还要明确自己的学习动机,要求学生切实地掌握学习方法和相关评价。

罗杰斯将学习分为两类。首先,无意义学习。其概念述说起来是一种类似于无意义音节的学习。无意义学习的内容,不仅是缺乏枯燥、毫无生气的学习,还是很快就被忘记的学习。其次,有意义学习。其概念述说起来是指一种科学探究式的学习,简单来讲就是一种"从做中学"的学习。有意义学习强调学习者出于他们自身的兴趣而学习,同时还比较重视学习内容与个人之间的关系。

总的来说,在教学过程中,一方面,教师要善于构造情境,并通过问题情境的构建,来让学生认识到知识的重要性,这样有助于激发学生的学习兴趣,激励学生在探究过程中使各种真实性的问题得到解决。另一方面,教师在教学中扮演着促进者的角色,教师要如科学家一样,引导学生去寻找解决问题的方法,包括为学生创设探究情境、对探究的步骤进行拟定等,从而让学生感受到探究过程中存在的苦与乐。

四、简评探究式教学诸多理论

随着对探究式学习的日益深入研究,以及对探究式教学理论基础逐渐增加的讨论,研究者愈发关注对其哲学基础、社会学基础、心理学基础、历史学基础和教育学基础等方面的讨论。

总体看来,薄弱和陈旧依然是探究式学习和探究式教学的理论基础的特点,主要集中于对其心理学基础的研究方面。尤其是近年来日益受到关注的建构主义学习理论,受到了探究式教学领域的重视和认真研究。但对其他作为人们探讨科学探究的重要理论基础的领域,如科学史、科学哲学、教育学、科学知识、社会学等的关注度还远远不够。

另外,也有不少人对探究式学习及教学的有效性的实证研究提出了质疑,认为更多的文献是靠相互引证对方的意见和断言作为自己的论据,缺乏实证研究数据,或者通过对不明确甚至是否定性的实证结果作出任意的推论来支持对方的观点。

由此可见,对探究式学习和教学的研究和探讨在其理论基础、实证基础、实施及评价方面还有待进一步深入和明确。对探究式学习和教学的研究需要在继承与吸收前人讨论的基础上,以探究式学习和教学的理论基础学科为依托,以新的知识观与学习观为基础,抓住学生知识的自主建构这一本质与核心,理论结合实际,把基础学科中最新的研究成果与实践中最鲜活的探索与创新一并吸收进对探究式学习与教学的研究中来。

第四节 探究式教学模式与方法

一、问题探究教学模式

(一)问题的基本分类

1.以涉及范围大小和难易程度等为标准进行分类。其主要包括:①以问题涉及范围的大小为划分依据,可将问题划分为大问题、中问题和小问题;②以问题的难易程度为划分依据,可将问题划分为艰难的问题、简单的问题;③以问题的复杂程度以及人们对事物的认识水平为划分依据,可分为浅层性问题与深层次性问题;④以问题是否涉及事物的本质为划分依据,可分为本质性问题与非本质性问题;⑤以人对问题本质的认识程度为划分依据,可分为真实性问题、虚拟性问题以及虚假性问题。

2.以来源、性质和认知程度为标准进行分类。其主要包括:①以人类的活动性质为划分依据,可以将问题分为生活问题、学习和教育问题等;②存在于生活、学习、工作和科研领域中的问题,以人的预见性和目的性为划分依据,可以将问题分为灾难性问题以及必须解决的不期而遇的问题等。

(二)问题探究教学的特点

教学的良好开端,就始于问题。从问题的角度出发,对学生的思维能力进行培养,相应的教师的角色也会发生改变,在教学中,除了要扮演知识的传授者、讲解者以及促进者的角色之外,还要对问题进行精心设计。学生思维活动不断发展的重要动力,就是教师提出问题,这是一种外部动因,问题对学生的思维所能起到的作用,主要具有以下四个方面的特点:①始动性;②强化性;③方向性和指导性;④调控与调整性。

(三)问题探究教学的实施策略

首先,搭建民主平台,并使学生树立起主体意识;其次,从多角度出发,对学生的问题意识进行培养。再次,对备课模式进行改变,围绕着问题这一核心和主线展开;最后,要重视教学组织形式的重组,为学生创造出一个更大的探究空间。

(四)问题在探究式教学中的作用

1.实现探究式教学。问题引发思考,探究从问题开始,没有问题就无从探究。教学中,提出一个设计巧妙的问题,常常可以一下子打开学生思维的闸门,使他们思潮翻涌、欲罢不能,或积极分析问题、寻找解决问题的办法,或主动收集信息、处理信息,或求助于人、合作交流等使学生深入思考,主动探究,积极发言,最终掌握知识,发展能力,形成一定的思想观点和个性品质。这种教师把学习内容以问题的形式呈现出来,给学生提供积极思考、主动探究的学习方式,替代了死记硬背、机械训练、被动接受的"灌输式"学习方式,改变了传统的过于注重知识传授的倾向,激发出学生积极主动的学习态度,是学生获得基础知识与基本技能的过程,同时成为学生学会学习和形成正确价值观的过程,完全可以讲,只有问题才可能使"以教师为中心"的教学转变为"以学生为中心"的教学。

2.引发学生积极思维。思维是人脑对客观事物概括、间接的反映,是高级的理性认识过程,是人们智力的核心。国外有句名言:"劣等的教师向人奉送真理,优等的教师教人发现真理。"这句话从某种意义上讲,就是要求教师在教学中要尤其注意培养学生的思维能力,开发他们的智慧。课堂上,一个设计巧妙的问题一经提出,学生就会开启思维的大门,围绕问题确定的思维方向付出持续的努力,收集信息、实验演示、分析、综合、比较、演绎、归纳、类比、概括,不解决问题,心里就会快快不乐。这种问题对思维的催动、引发作用,心理学上有着令人信服的解释。

3.集中学生学习的注意力。问题的提出,能够将学生的注意力维持在一个较高的水平,保证了教学活动的顺利进行。当然,教师提出的问题,并不是都能使学生的学习注意力集中的,因此,教师要对问题的内容进行精心的设计,以促进学生注意力的进一步集中,为使学生的学习效果得到进一步增强,要最大限度地使问题的内容具备新奇性和思维挑战性两种特性。

二、自主探究教学模式

(一)自主探究教学模式的主要特征

自主探究教学模式的主要特征:①自主探究教学中,在重视学生的参与性的同时,还要重视适度合作探究具有的辅助作用;②教师是教学部分的主体,学生是学习部分的主体。在探究式教学中,由教师和学生共同构成了师生关系的主体,并且这种关系是带有主体性和民主性的;③在探究式教学中,强调问题设计具有的合理性,注重教学的有效性;重视教学的多维互动性的同时,注重教学方式的多样性;④在探究式教学中,要重视教学过程的研发性,要重视教学过程的开放性,要充分发挥学生在教学过程中的主体意识,要重视学生创造力的开发,要重视学生创新意识的发展;还要重视教师对学生具有的引导、启发作用,同时还要自觉主动地推动探究和发现。

(二)自主探究教学中存在的问题

自主探究教学中存在的问题:①自主探究教学流于形式,探究中的任务由于没有教师的适当指导而无法完成;②在探究式教学的课后探究方面,若是教师的指导不足,将会导致课后延伸草草收场;③在教学时间安排方面,若是教师的安排不足,将会导致自主探究只是走个过程,无法实际运用;④在自主探究教学中,教师忽视了学生主体作用,学生不仅不能提出问题,也不具备猜想的能力。学生在探究过程中,只负责验证探究,既不能体验到成功的乐趣,也不能体验到探究具有的必要性;⑤在自主探究教学中,教师要重视教材的选择和信息的收集,若是选择的教材不恰当,那么,将会导致探究意义的缺乏。若是在信息收集过程中,教师没有安排妥当,将会导致学生无法实现资料的顺利收集。

(三)自主探究教学中问题的解决方法

自主探究教学中问题的解决方法:①自主探究教学中,教师除了要充分相信学生之外,还要能够促进学生主动参与,同时,还能使学生的主观能动作用得到最大限度的发挥,学生在自主探究学习方面具有的积极性和主动性也将得到最大限度的调动;②自主探究教学中,教师要以教学需要为依据,并与学生的实际情况相结合,展开适时引导。同时,教师还要关注探究内容,重视其所具有的适度性、可操作性以及趣味性;③自主探究教学中,教师要主动成为学生的一员,也就是及时介入学生的探究活动之中,同时,教师要重视课后的探究,并适当地对学生进行必要指导;④自主探究教学中,教师要在课前下发"导学学案",其目的是使学生围绕着教学内容进行预习,并寻找到相关资料;⑤自主探究教学中,教师要及时更新观念,给予学生充分的可支配时间,并相信学生能利用好这段时间。

三、合作探究教学模式

(一)合作探究教学模式的基本要素

合作探究教学模式的基本要素:①责任意识。这一要素是指小组中的任一成员都要尽可能地做好自己的工作,履行自己的职责;②学生要对自己和学习负责。这一要素是指在合作探究教学中,学生还要对小组内的其他成员的学习负责,而且要以积极的心态来共同完成探究过程;③学生的社交技能水平。这一要素除了是合作探究的前提之外,还是合作探究的结果;④小组成员的组编。以混合编组为原则,使一个小组的成员既能各具特色,又能实现相互之间的取长补短;⑤小组自评或团体反思。这一要素是指在合作探究教学的尾声,要能保证小组不断发展和进步。

(二)合作探究教学模式中存在的问题

合作探究教学模式中存在的问题:①由于问题的设置缺乏难度,而导致合作探究的展开过于流于形式,从而导致合作探究意义的缺失;②在合作探究的实施过程中,过于重视探究的过程,而没有重视总结;过于重视优等生的表现,而对后进生有所忽略。

(三)合作探究教学模式中问题的解决方法

合作探究教学模式中问题的解决方法:①在合作探究教学中,教师提出的问题不仅要对学生具有一定的启发性,还要紧扣课堂教学内容,尤其是教学内容中的重点、难点;②在合作探究教学中,教师提出的问题要能最大限度地激发出学生的学习兴趣,教师还要对学生解决问题的过程进行引导,使学生探讨出的答案是相统一的;③在合作探究的教学评价中,教师要以学生的不同发展水平为依据,提出相适应的要求,教师还要关注每一位学生,不能忽视后进生;④在合作探究教学中,教师要重视以学生为中心的心理辅导,平等对待每一位学生,要使学生树立信心。具体教学中强调整体的进步,并创造出一个优等生帮扶后进生,共同进步成长的良好氛围。

四、情境探究教学模式

(一)情境探究教学模式的基本原则

1. 轻松愉快的原则。这一原则要求教师要创造出一个轻松愉快的情境,并在这一情景中对学生解决问题的过程进行引导,使学生展开自己的思维和想象,并在其中寻找正确的答案。

2. 自主性原则。这一原则除了强调良好的师生关系之外,还注重学生在教学中的主体地位。

3. 意识统一和智力统一原则。这一原则,一方面要求教学要充分考虑怎样使学生集中思维,使学生的刻苦钻研的精神得到培养;另一方面要以学生为中心,考虑怎样充分发挥出学生的以兴趣、愿望为代表的智力活动具有的促进作用。

(二)情境探究教学模式中存在的问题

第一,情境探究教学对教师具备的素质提出了更高的要求,这是因为这一教学模式强调的是人为创设情境,因此,教师不仅要具备一定的语言表达能力,最好还要能谈会唱。

第二,情境探究教学实践中,强调情境功效,若是没有足够重视课程的特点,包括整体性、意会性以及模糊性等,将会造成情境中出现人工雕琢的痕迹。

第三,情境探究教学实践中易产生"花盆效应"。这是指学生的学习能力若是处于人为创设的"典型性场景"中,将会发展得比较顺利,一旦脱离这种情境,将会导致学生学习能力的降低。

(三)情境探究教学中问题的解决方法

第一,教师必须要对教材了如指掌,对学生具备的心理特点、智能水平有一定的了解,教师要依据学生心理世界具有的特点,采用适当的教学手段和方法。在创造教学情境时,要充分结合教材内容。

第二,教师在情境教学法的实践中,要以各学科具备的特点为出发点,结合自身教学特点实现情境的创设;为实现这一目标教师要不断提高自身素质。

第七章 高校英语多模态教学模式

第一节 多模态教学的背景与现状

一、英语多模态教学的背景

(一)感知模态产生

研究发现,在逐渐演化的过程中,生命体会获得不同的感知通道,常见的感知通道有五种:其一是视觉通道,它是通过眼睛获得的;其二是听觉通道,它是通过耳朵获得的;其三是触觉通道,它通过皮肤获得的;其四是味觉通道,它是通过舌头获得的;其五是嗅觉通道,它是通过鼻子获得的。通过这些生命通道,生命体就可以同周围环境进行信息交换,甚至生命体能否在这个弱肉强食的大自然中很好地生存、不断地繁衍,都取决于这些感知通道能否很好地进行相互作用,能否快速地对周围发生的变化进行有效的反应。

此外,这五种感知渠道还会产生相对应的五种交际模态,其中,视觉模态和听觉模态与话语分析的关系是最为紧密的。

(二)媒介、模式同模态的差别

1.模式。所谓模式,指的就是一种交流渠道,它作为一种话语模式,是系统功能语言学家所说的与话语范围和话语基调并列的语境三要素之一。常见的模式有书面模式、口头模式以及电子模式等,信息的流动应该具备的一些特性都会在这些模式被使用和发生变化时,受到一定程度的影响。

2.媒介。从严格意义上来说,媒介在语言学和符号学意义上都不能被看成是一种术语,它主要是指在语言交际过程中所使用的技术。

3.模态。虽然它与情态有相同的英文名称,即Modality,但是这两个词语的含义却并不相同。情态主要是指在一个语言系统当中,说话者对事物的可能性和必要性进行判断,并表明自己态度的语义系统。模态则主要是指包括技术、图像、语言、音乐和颜色等符号系统在内的一种交流渠道和媒介。

二、多模态英语教学的现状

多模态教学目前已经作为一种教学理论被运用到高校英语教学当中。多模态教学不同以往单模态教学,通过图片、语音、网络、小组合作、角色扮演、联想等多渠道、多种教学手段将学生的视觉、听觉、触觉、嗅觉、味觉同时调动起来,使学生做到多感官并用,并一同参与到英语的学习中,这样不仅可以增强记忆力,还可以帮助学生展开联想,最终帮助学生提升听、读、写能力。

从多模态教学法中可以看出,人们在进行交际时,我们的身体和大脑是通过多种模态和感官互相配合一同参与的,是不可分割的。多模态手段运用到教学中不仅可以培养学生的多元读写能力,提高学生的综合素质,还可以提高大学英语教学的效率和推进教学改革的进程。

第二节 多模态教学模式的理论基础

一、教育学、心理学理论基础

(一)大学英语教学研究的学科定位

经过无数次的实践之后,外语教学告诉我们,仅仅语言这一个要素是不能组成语言教育的,它是多层面立体结构,是由众多要素一起构成的,也就是说,除了语言要素以外,与语言教育直接相关的要素还有教育学、心理学以及社会学等,所涉及的内容也是语言学很难涵盖和取代的,如教材、教师、学生、教学目标以及组织管理等。

如果是按照"教育学—各学科的教学—外语教学"这样一个路线图的话,那么就不仅仅是将外语教育归到应用语言学的范畴,而是应该把它看成是教育学的一部分。划分完成之后,就应该将教育实践作为外语教学的出发点,并且还应该将语言在教学过程中所起到的作用作为教学的重点。可以说,教育语言学具有很多重要的特征,这也使得这门学科具有很强的独立性。不管是从理论上来说,还是从实践上来说,在研究高校英语教育教学时,如果能够做到从教育语言学的理论视角出发,那么也就意味着研究具有合理性。

(二)认知负荷理论

除了建构主义以外,认知负荷理论是另外一个对教学起到指导作用的心理学理论,且在教学中有着举足轻重的地位。该理论假设人们头脑中知识结构是由短时记忆和长时记忆组成,短时记忆又叫工作记忆,学习是在长时记忆里以图式的形式建立知识,教学则是为了能在学生的长时记忆里储存信息,工作记忆储存信息的时间短,容量也小,而长时记忆时间长,容量大,进行图式建构可以使工作记忆的负荷得到有效减轻。如果在工作记忆区对一些新信息进行处理,就能建构图式,建构完成后,就可以投入应用,直到获得反复的成功之后,才能真正实现图式自动化。

记忆在学习中所能够起到的作用是认知负荷理论的一大关注点,该理论认为,若想实现有效的学习,非常重要的一点就是能够对认知资源进行较为合理的分配。由于工作记忆的一个非常显著的特点就是存储容量非常有限,再加上认知资源的总量是恒定不变的,因而认知负荷理论就得出了以下结论:如果能够在设计教学的过程中最大限度地将一些不必要的认知负荷从制定的学习任务中移除,那么必然会使学习者的学习效率得到很大程度的提升。

此外,在研究认知负荷理论的基础上,研究者还提出了促进教学的相关效应,并根据学习者的认知不同做了具体划分,适合初学者的包括样例效应、分散注意力效应、形式效应,有一定专业知识的学习者适合专业知识反效应、冗余效应、想象效应。这些研究对进行外语教学设计有非常重要的指导和帮助作用。

(三)学习理论

1.学习理论的发展演变。自开始研究学习运行机制以来,直到现在,共涵盖了很多理论流派的发展和演变,如行为主义、认知主义、建构主义、社会建构主义和联通主义等,其中,一些学者也将联通主义称为关联主义。

行为主义学习理论常常会将学习的过程看成是"刺激反应"的过程,所以在使用这种学习观念来对语言学习进行指导时,非常关注和强调对学习者语言技能的训练。该理论认为,通过"刺激反应"的原理所形成的机械性语言操练就是语言学习,这一过程就是向学习者灌输语言知识的过程,从而让他们逐渐形成一种语言习惯。如今,虽然很多高校都开始使用计算机来辅助英语的教学,但即便如此,在某些学习阶段,尤其是在训练学习者的语言技能时,行为主义学习理论仍然发挥着非常积极的作用。

2.多媒体学习认知理论。比较而言,很多学者认为,一个较为严谨的科学体系指的就是多媒体学习认知理论,从内容上来说,基本假设、学习科学、教学科学和应用领域就是它的基本组成部分。并且,这四部分之间还有非常密切的关系。

梅耶的理论是在一些基础假设的基础上逐渐发展起来的,这些基础假设主要包括以下几种:①双重通道假设;②容量有限假设;③主动加工假设。

选择、组织以及整合等一系列认知过程,是积极的多媒体学习必然会经历的:首先,对自己想要听到和看到的相关信息,如词语和图片等,学习者会进行选择而产生感知,其工作记忆也会由感知记忆转换而来;其次,把自己选择的词语和图片,经过一个选择性的挑选,组成连贯的心理表征,并交由工作记忆来处理;最后,将之前获得的知识从长时记忆中翻找出来,然后整合词语和图片表征,从而产生新的知识。

梅耶认为,对学习者的认知过程给予足够的支持,是多媒体学习过程中所面临的最大挑战。按照认知负荷理论的相关观点,多媒体学习的任务主要有三个:①将不包含在学习目标之内的认知过程去除;②通过选择性认知,对所呈现学习材料的基本认知过程进行管理,常见的有心理过程和材料的内在复杂性;③通过组织、整合等深层认知,加深对学习任务和内在学习动机的了解,也就是使产出性认知过程得到进一步促进。

针对以上三大任务,梅耶还制定了相对应的设计原则:①针对第一大任务,可以采取连贯性、侧重性、冗余性、空间连续性、时间连续性等五个原则;②针对第二大任务,可以采取分段、预演和模态配合原则;③针对第三大任务,可以采取多媒体和个性化原则。

在新媒介时代,非常容易在构建学习环境的过程中忽视了学习的中心地位,而是将技术放在中心地位。将技术放在中心地位的设计是本着利用技术来辅助教学的目的,设计者将技术看成了教学工具,关注的是技术能够为教学做一些什么。而多媒体学习认知理论则恰恰相反,设计者在设计时完全是以学习者为中心,在他们看来,技术只是起到了辅助的作用,他们更加关注学习者大脑的学习机制以及学习者学习和记忆的效果,他们的目的就是想通过对技术的合理运用,使学习者能够更加有效地去进行语言的学习。

以新媒介作为条件,使用多媒体学习认知理论的教学指导原则和获得的研究成果来对如何实现有效教学进行指导,具有非常大的意义。

(四)课程与教学论

1.CBI理论。该理论的教学原则主要体现在:①其核心是学科知识;②其所使用的都是真实的原材料;③对于不同的学生群体,其都能够很好地满足和适应他们不同的需求。

该理论的教学模式主要有四种:①主题模式;②课程模式;③辅助模式;④沉浸模式。教师在选择使用哪一种或者哪几种教学模式之前,应该充分结合自身所处的教学环境以及所涉及的教学层次、教学对象,同时还应考虑到所要达到的教学目的等。

经过大量的研究和实践,我们可以总结出CBI教学理论具有几点较为显著的特征:①真实的教学材料;②内容与语言相融合;③突出体验式小组学习和研究型学习;④内容学习、语言训练和应用及思维培养全面融合;⑤教师身份的根本转变。

2.多元识读教学法。经济全球化使得文化呈现出了多元化的趋势,同时也加深了交流的多模态化和语言的多样性。并且,由于逐渐增强的语言和文化的地域多样性和全球关联性,以及新媒介时代交流表达形式的多模态化,也直接导致了多元识读教育的产生。主要体现在以下两方面:一方面,在全球化的背景下,各国的文化都相互融合和交流,似乎世界都开始变得越来越小,文化和语言都逐渐呈现出了多样性和多元化的趋势,这也就直接导致了多元识读的产生。在这一背景下,英语在不同的文化和社会背景中都得到了非常广泛的应用,同时它也逐渐成了一种全球性的语言,这也就使得在使用英语进行交流时,不仅具有跨文化性,同时还具有多样性;另一方面,在新媒介条件下,多模态化的趋势已然在表达方式中逐渐呈现出来,这也直接导致了多元识读的产生。之后,新媒介得到了迅速发展,这也在很大程度上改变了人们的交流方式。主要体现在人们的交流方式已经不仅仅只是局限于文本,他们逐渐倾向于通过将书面语和口头语相结合的方式进行交流,也就是有效结合视觉、听觉、手势、触觉和空间等模态,从而使得人们之间的交流具备了多模态的属性。特别需要注意的是,这种交流方式的改变,要求学习者必须要具有足够的能力去理解和掌握那些越来越重要的媒体表现形式。

二、哲学基础

(一)主体间性哲学观与间性理论

1.媒体间性。媒体间性是指不同媒体间的相互作用、相互联系的关系,关注的是媒体之间相互作用而产生的传播效应。现如今多媒体走进课堂,正确地使用多媒体教学,使教学多元化立体化,可以增加学习的互动性,活跃课堂气氛。

每一个媒体不仅有其独特的个性,同时各个媒体之间还存在着一定的共性。新媒体的主要作用就表现在对师生主体之间、生生主体之间的主体间性进行着强化,与此同时,强有力地促进主体间性发展的,则是新媒体的多向性和互动性。

2.语言间性。在语言的指称功能、意动功能以及交感功能之间会有一定的不协调和错位表现出来,这个被称为语言间性。通俗地讲,就是主体在使用两种不同语言的时候,有一定的空间障碍发生在他们进行沟通的时候,这个空间障碍是客观存在的,并不会因为主体的主观意识而绝对不存在。

由于两种不同语言之间会存在内在的差异性,理解度的波动性就会出现在双方进行沟通的时候,此时这种波动性的产生就是语言系统的二元性特征的充分体现,也是客观存在的,换句话说就是语言系统同时存在着开放性和封闭性。语言系统的这种特征直接决定着语义的二元性,语义的弹性特征导致了语用双方的沟通仅仅只是一种可能。

纵观中西语言文化交流的历史,如果从宏观上来看的话,我们可以发现,语言的同化和异化,为语言的主体间性理论提供了证据和补充,同时,对于语言多样性的维护和发展来说,其还具有非常大的参考价值。由此可见,国家需要在宏观语言政策方面对其给予足够的重视。

3.文化间性。所谓的文化间性,其实就是跨文化性。只要在文化学领域里有着间性思维模式的应用,文化间性这一问题就会出现,换一个角度来看,文化间性折射出的是西方哲学中的主体间性问题。文化共生、互动等特征会呈现在不同文化主体的关系中,因此,要加强主体的跨文化素养,还应在大学英语的教学过程中去引导学生进行一定强度的跨文化学习。

4.文本间性。一个特定文本与其他文本之间的关系,被称为文本间性,也叫互文性。所谓其他文本,指的就是被改造过的文本,而这种改造是在对该特定文本引用、改写、吸收、扩展的基础上或是直接在总体上进行的,可以说,包含具有各种可识别形式的其他文本是所有文本都有的特性。

"语篇间性"可以从本质上很好地被用来替代"互文性",它不仅包括多个已确定文本之间的关系,即"跨文本性",也包括某一文本对其他文本的扩散影响,即"文本关涉性"。

(二)间性理论指导下的多模态课堂教学原则

1.基于主体间性的交互性教学原则。在主体间性的语言观和外语教学观的引导下,能够最大限度地恢复外语教学本质的特征。新的哲学范式和方法论原则能够直接影响外语教学的目的、外语教学的过程以及外语教学过程中教师和学生之间的关系,并且,这种影响是积极的、深远的,而这些范式和原则是主体间性所提供的。

外语教学活动中的主体,毫无疑问,一定是教师和学生,其客体则是该教学活动中所要完成的任务,我们称之为教学内容。外语教学的教学内容主要是由相关课程、所用到的教材以及其他教学资源共同构成,具体的实践结构为"教师—教育内容—学生"。从本质上来看的话,主体间性理论就是主体交互性。

目前,我国的很多高校在进行外语教学时,都严格遵循着这样一个教学原则,那就是将学生视为教学的主体,而教师则主要是起到主导的作用,同时,这也充分体现了主体间性理念。交互性原则除了是一个教学组织原则以外,同时它也是一个学习行为原则,也就是说,该原则不仅可以直观地将一名教师的教学理念和教学方法反映出来,同时还能够直观地将每名学生的学习理念以及所采用的较为有效的学习策略反映出来。

2.基于媒体间性的多模态教学原则。要想不断地去创新课堂教学模式以及课堂教学模态,就必须要对媒体间性进行深入的探讨。随着新媒介时代的到来以及不同媒介之间的相互融合,使得人们开始注重对媒体间性的研究。

传统的教学系统都是相对比较孤立和封闭的,但是自从有了新媒介技术的介入之后,教学系统逐渐变成了一个开放和动态的系统。教学系统在受到教学媒体要素的强烈作用之后,它其中的各大要素就都会被融入一定的技术因素,这也是为什么教学系统会变得越来越复杂和多变,也正因如此,才为大学英语教育教学改革发展提供了更加广阔的空间。

此外,由于教学系统各要素之间的交互关系过于复杂,所以就更应该特别关注教师和学生之间、学生和学生之间交流的有效性,以及他们对相关技术运用的灵活程度等,具体体现在以下两方面:①体现在教师与学生进行的直接对话上,也就是通过语言进行的交流。同时,也体现在间接对话上,如体态或者眼神之间的交流,这种对话方式充满着随性,是教师和学生之间的即兴对话,但这种对话往往也是最真实的,这种真实的交流对学生更深层次地理解教学内容有非常大的促进作用,同时也能帮助学生培养他们的独立构建语义网络的能力和协作共进的素养;②自从大学英语教学中普及了计算机网络技术之后,以网络为基础的教师和学生之间的交流、学生和学生之间的交流以及学生利用网络进行的自主学习都在很大程度上扩展了英语教学的边界,从而使学生在学习成长的过程中更能突出自己的个性,使他们的团队意识和合作精神得到进一步培养。

3. 基于文化间性的跨文化教学原则。在跨文化哲学当中,文化间性属于一个相对比较重要的范畴,具有多元文化共存、交流互识、意义生成的特点。可以说,它是处在语言的基础上,但是又超越了语言的一种隐形间性。在大学英语教学中,不仅要将跨文化原则渗透到基于主体间性的教学理念、教学模式和教学方法中,而且要在媒介间性的基础上,对媒体进行不断创新,从而促进文化交流、传播以及多元文化资源的开发利用。

此外,大学英语课程教学的一个固有属性就是跨文化性,这在教学课程设置、教学计划、教学组织、教学内容、师生和生生之间的交流方式、社团活动以及教学资源建设等方面都有所体现。它所反映的不仅仅只是该学校的文化风貌,同时也是对教师跨文化素养和教学水平的一种反映。可以说,它对学生跨文化交际意识的培养是非常有帮助的。

4. 基于语言间性的外语教学原则。除了需要遵循以上几项原则以外,大学英语课堂教学还应该遵循外语基本教学原则,之所以要遵循这一原则,主要是取决于大学英语的课程性质以及大学英语教学研究的学科属性。常常会被用到的外语基本教学原则主要就是基于中介语、母语迁移等二语习得理论的教学原则。

5. 基于间性整合的教育生态学原则。生态化教学应该算是大学英语多模态教学的一个最为理想化的状态。大学英语多模态教学应该在遵循交互性教学原则、多模态教学原则、跨文化教学原则及二语习得教学基本原则的基础上,对间性理论、教育生态学、建构主义学习理论等进行综合运用,从而使大学英语教学模式更加多元、动态、系统和生态化。

总的来说,就是要对多媒体网络和大学英语教学各要素之间的生态平衡进行较为全面的整合和协调,只有这样才能使大学英语教学改革得到进一步推进,才能在多媒体网络环境下实现大学英语教学效能的最大化。

三、语言学理论基础

(一)二语习得理论的研究领域及其主要流派

早在20世纪60年代末,就已经有了对二语习得的研究,作为一个相对独立的学科,人们对它的研究主要涉及三个领域:①对于中介语的研究;②对于学习者内部因素的研究;③对于学习者外部因素的研究;其中,在这三大类研究领域中,每个研究领域又被分成许多个小类的研究对象。研究的重点主要就是以上三大领域内的因素,除此之外,对于各大类之间的关系和各小类之间的关系的研究也应该重视起来。

(二)我国的外语学习理论研究

在很长的一段时间里,我国都是在结合了以往外语教学实际的基础上,同时依靠引进外国理论来开展应用性的二语习得理论研究的。但与国外的第二语言学习相比,我国外语学习表现出来的特点是完全不同的,因此,我们必须要结合我国外语教学的实际,采用一个较为谨慎的态度来对待国外的语言教学理论,特别是对第二语言习得理论,要更谨慎和重视。

除此以外,我们在对国外理论不断地吸收和借鉴的过程中,还应该从我国学生的实际出发,对他们学习外语过程中存在的特殊性进行全面且充分的考虑,只有这样才能在不断探索的过程中,建立起一套符合我国特色的外语教学理论体系和切实有效的方法。

第三节 多模态教学的选择原则

一、有效性原则

有效性原则指的是不管是哪种模态,都应该在能够取得较好教学效果的前提下进行选择,只有这样才能有效避免对模态的无效使用,才能使产生的正面效应大于负面效应。在教学中运用多模态对增强学生的记忆有很大的帮助。然而,没有考虑到学习效果的模态或者几种组合起来分散学生注意力的无效模态,都是没有任何意义的。有效原则可分成以下两个原则。

(一)工具原则

多媒体技术的使用可以为教师和学生创造出真实度非常高的语境:①教师可以多搜集一些拍摄于真实交际场景的视频,作为外语教学的学习材料,从而让学生能够对真实语境中的实际情况有一个更加真切的了解和认识,让他们能够获得更加具体的语境知识;②教师可以充分利用网络视频的功能,提供更多的机会让学生和以英语为母语的同龄人以网络视频的方式进行沟通和交流;③教师可以给学生多看一些真实的语境图片或者视频,帮助他们对真实的交际环境有一个更加深刻的了解。总的来说,与单模态话语相比,多模态交际能够为学生提供更多从多方面获得信息的机会,有利于学生的理解和记忆。

(二)引发原则

所谓引发原则,指定的就是利用现代技术,为学生提供内在的动力,让他们心甘情愿地参与到教学活动中来,也就是将外在因素转化为内在因素。例如,通过提供新颖的图片、特殊物品、有趣的简笔画、艺术字等,吸引学生的注意力,激发学生的学习兴趣。

二、适配原则

在对不同的模态进行选择时,就要充分考虑两种或者几种不同模态相互之间的配合程度,以便找寻出最好的搭配方式。与有效原则一样,适配原则有次级原则,主要包括以下几种。

(一)抽象具体原则

在外语教学过程中,教师可以选择其他方式,当遇到抽象、模糊或不熟悉的知识时提供特定的信息,从而使学生可以更清楚地了解自己的教学内容。以英语教学中的语音教学为例,当教师向学生介绍语音符号的发音规则时,学生获得的知识就是抽象的。如果教师借助语音、口型来显示具体的发音,那么原本抽象的发音方法将更加形象、具体、直观。此外,学生还可以直观、生动地理解和掌握语音字母发音的基本要领。

(二)强化原则

所谓强化原则,主要是指在教学中使用多种模态来增强学生对语言知识的理解。例如,在教学过程中,可以通过PPT、幻灯片、影视等方式来介绍文化背景,而不是仅仅采用教师向学生介绍的简单口头方式。单词和口头描述与图片和电影的结合使学生对语言的理解更加深刻。

(三)协调原则

所谓协调原则,主要是指使用多模式协调来恢复人类社会交流的本质,也就是说,仅由一种媒体不能完成的交流任务可以由其他媒体来补充。该原则更加注重对模态的协调,而不是对其他模态的过度使用,也就是说,要根据教学的需求来选择模态。并且,各模态之间并不是随意组合的,也不会相互抵消和排斥,而是相互结合、协调运作的。

(四)前景背景原则

所谓前景背景原则,主要是指在外语教学中,语言交流是最主要的方式,即语言交流是主要模态而其他模态则主要是提供了背景。例如,在英语视听口语课程中需要播放电影,那么相关的电影背景、电影中的人物、对于电影情节的介绍以及电影完成之后所进行的主题讨论就是前景,而电影的播放只是起到了辅助的作用,所以往往会被视为背景。

三、经济原则

所谓经济原则,主要是指所选择的教学模式不仅是最优的,还应该是最简的,也就是说,选择的过程是在这两个条件的矛盾之中进行的。这里所说的最简,主要是从经济的角度来考虑的,这也就意味着,选择的模态要尽可能简单。目前来看,许多教师都倾向于选择多媒体等一些较为现代的技术设备,虽然这些技术设备的价格相对较高,操作起来也相对复杂,但是,它们对教学效率和教学效果的提升却有很大的帮助。

由此可见,为了让说话者更好地表达,为了使教学效果得到最大程度的提升,教师在选择教学媒体时,也要严格遵循简单经济的原则来对多媒体技术进行选择。与此同时,教师在选择模态时,为了进一步增强教学效果,也应多多考虑使用图片、贴画、彩卡等其他媒介方式。

第八章 高校英语词汇教学与语法教学改革

第一节 高校英语词汇教学改革

一、高校英语词汇教学的意义

(一)帮助学生提高语篇理解能力

在进行口语交际或是书面语表达时,主体通常通过语篇标示词来表达自己讲话的思路及其变化。这些标示词属于预制语块的范畴,而预制语块是词汇教学的重要方面,因此它可以帮助学生显著提高对语篇的理解能力。

(二)帮助学生提高口语表达的流利性

鲍林格认为,语言使用具有很大的重复性,不需要经常按照语法规则进行临时性创造组合。这是因为词汇与特定的情境搭配结合起来会具有更加准确的意义,所以这些词语搭配在学生学习语言的过程中更容易被识记,从而成为存储于记忆中的预制语块。学生下次需要相同或类似的语块时,就能直接将其复制出来或稍加改动,这对提高学生口语表达的流利程度有很大的作用。预制语块在口头交际中还可以在一定程度上避免因文化差异而带来的语用失误,因为"这些预制语块都是语境和语义的统一体,是经常使用而约定俗成的表达形式"。例如,英语中的"thank you"使用很频繁,而汉语中关系亲密的人之间则很少用"谢谢"。即使学生不了解这一差异,如果他们熟悉英语感谢与答谢的套语,也能自动作出正确的回应,不会受传统文化中自谦美德的影响而产生语用失误。

二、高校英语词汇教学的现状

(一)教师教学现状

1.需重视学生的主体地位。教师在词汇教学中应重视开发学生的智力因素,注重对学生观察、记忆、想象、思维和创造能力的培养。但是,在高校英语词汇教学中,原本应该由学生归纳和总结词汇规律的任务却都由教师"代劳"。换句话说,教师只一味地注意自己"教"的任务,而忽视了学生"学"的情况。因此,教师需要明确自己的角色和作用,明白自己在教学中起的是引导作用,学生才是课堂的主体。教师还应该明白"授人以鱼不如授人以渔"的道理,引导学生自己总结规律,因为学生只有自己掌握了词汇学习的方法,才能在词汇学习中取得事半功倍的效果。

2.教学应具有系统性。在我国词汇教学中,从小学到中学再到大学,所有的英语课本所包含的课文,其内容的主题都没有一个系统可循,几乎每一册课本都可能包含十个甚至更多的主题,如生活常识、人物事件、生态环境、旅游观光、社会道德、天文地理、历史经济等。实际上,词汇的联系在于词义,如果课文没有一个共同的主题,其所含词汇就没有一个共同的纽带和轴心,也没有一个共同的知识体系可以依附,因而也就不能形成一个可以展开或聚合的体系。这就导致词汇教学无法形成一个系统。学生在对这些词汇进行应用、记忆、复述、联想时,必然陷入一种无章可循的散乱状态。这种缺乏系统性的教材及教学方法,最终导致学生的英语词汇学习普遍患有一种反反复复、种多收少、进步慢、效率低的顽症。可见,词汇教学缺乏系统性正是这种顽症的根源。而只有把英语学习纳入知识系统学习的轨道,用专门的知识系统来引领和组织英语词汇学习,学生对于词汇的掌握和理解才能更加有效。

3.教学内容安排应合理。英语中的词汇数量庞大,但并非所有词汇都具有同样的重要性。以常用词为例,一方面,英语中的常用词、基本词、根词在词汇总量中所占的比重虽小,但作用极大;另一方面,并非常用词的全部词义和搭配都是常用的,也并非所有的词都是能在口语、书面语中使用的积极词汇。所以,词汇教学过程中必须明确哪些词语应该重点教、哪些词语可以只做大概介绍,即要对词汇进行主次的区分。具体来说,教师不能要求学生掌握所有词汇的音、形、义、用法,而应根据实际情况,要求学生掌握最重要、最常用的部分。如果教师对所有词汇的教学都做统一要求,学生的掌握情况反而很不理想。因此,教师在词汇教学过程中应分清主次,循序渐进地提高学生的词汇水平。

4.教学方法应趣味化。词汇呈现是词汇教学的第一步,也是最关键的一步。但是,目前很多词汇教学呈现的方法都十分单一。教师大多采用"教师领读、学生跟读,教师讲解重点词汇用法、学生读写记忆"的教学模式。这种方式既单调、被动,又让学生感到词汇学习枯燥、乏味,久而久之,学生很容易产生厌学情绪。因此,教师应该积极改进教学方法,充分调动学生的积极性,激发学生学习词汇的兴趣。

5.与学生实际生活联系要多。在我国英语教学实践中,部分教师仍然采用"黑板+粉笔"的"填鸭式"方法讲授单词。这就使这些单词只存在于课文与练习中,与学生的生活却相距甚远,因而难以激发学生的词汇学习兴趣,也无法因材施教。

记忆规律表明,人们往往更加关心与自己有关的或者自己熟悉的事物。只有让学生体会到词汇的实用性,才能将学生的学习动机激发出来,从而产生理想的学习效果。因此,教师也应将词汇与学生生活联系起来,以激发学生更大的学习兴趣。例如,教师可将所授词汇放在一个真实的语境中来呈现或讲解,也可以补充一些和所教词汇相关的课外内容,还可以适度扩展一些学生感兴趣的词汇。

(二)学生学习现状

1.使用汉语注音。读音是英语初学者学习单词时面临的最大困难。由于英语课堂时间有限,教师不可能花费太多的时间去教学生朗读单词,而学生又拿不准或者经常忘记词汇的正确发音,且音节比较长的单词对个别学生来说比较难,因此他们就会用汉语为英语单词注音,以这种方法来学习词汇的读音。更为严重的是,很多学生一直到了大学阶段,在词汇学习过程中依然有这种不良习惯。显然,这种方法对于词汇发音学习是非常不利的,不仅会导致自己的发音不准确,还会滋生不认真的学习态度。

2.死记硬背。死记硬背是部分学生学习英语词汇较为常见的现象。很多学生仅仅依靠背诵来记忆单词,不会通过构词法、结合语境等方式记忆单词,这就导致单词记忆成为一种体力劳动,费力却不讨好。因此,英语词汇的学习切忌死记硬背,应结合各种方法,在理解的基础上记忆单词。

3.学习的系统性不强。英语词汇并不是杂乱无章的,而是自成系统的,有其内部的规律性。但是,当今的英语教材在编写时却不可能按照词汇系统进行编排。这就造成很多学生只注意低头死背单词,却忽视了对英语词汇进行系统的整理和整合。

英语单词并不是零散、无规律的,因此需要学生对其进行整合和分类。对于词汇系统的整理,需要教师和学生共同完成。教师应该改变教学方法,在进行了一个阶段的教学之后,应该停下教学脚步,将教过的词汇与学生一起进行整理,划分出重点单词、搭配、句型等。学生在平时的学习中,也要注重词汇的分类,不要盲目地乱背单词。

4.忽视拼写联系。在词汇学习过程中,学生常常注意不到字母在单词中的读音与单词的拼写之间的关系,无法利用词汇的拼写和发音规律来记忆单词,而是一味地死记硬背,效率反而很低。事实上,英语单词中读音和字母有很大的关系,如果能够运用好这个规律就能获得事半功倍的效果。

5.缺乏词汇学习的自主意识。在当前的信息社会,学生可以借助线上线下的许多手段学习英语词汇。具体来说,学生可以通过图书馆、词典、网络、多媒体等工具和手段学习大量的词汇,如果条件允许,还可以通过听英语歌曲和欣赏英语电影等适合学生口味的手段来学习词汇。然而,学生的自主学习意识大都很淡薄,他们不愿意主动学习词汇,更不愿意搜集与词汇学习相对应的课外阅读材料,而是过分依赖教师。

三、基于认知语言学的高校英语词汇教学方法

(一)基于意群影响的词汇教学

保利和赛德在对外语学习者的语言输出进行研究时发现,即使外语学习者能够达到本族语者的语言流利程度,依然能被本族语者轻易地识别出来。

这是因为外语学习者的语言往往不够地道,所以本族语者可以通过用词、搭配发现他们并非本国人。例如,受汉语表达习惯的影响,中国学生经常出现"over come shortcomings"之类的错误。

普林斯和斯默流斯基的优选论认为,人类在发出语音时,以清晰和省力为基本规则,这两个规则在语音发出的过程中相互制约和平衡。戴弗指出,交际中也存在"最大限度交际"和"最省力"之间的制约和平衡。这反映出,人类的大脑在存储信息时,也具有清晰和省力的特点。清晰要求大脑中要有足够的词汇来表达万千思想,而省力则要求这些词汇要有系统性,需要的时候方便随时调出使用,另外还要求压缩储备词汇,同一个单词不能重复存储。但事实上,清晰原则和省力原则经常出现矛盾,矛盾的结果是词汇要以意群为单位进行存储。这样一来,同一个单词就可以和不同的词语搭配起来进行重复存储。母语词汇记忆如此,而外语词汇记忆也是如此。这些搭配意群被存储以后对外语学习者使用更加地道的语言与本族语者进行交流具有很大的帮助。具体来说,意群对英语词汇教学的启示作用主要体现在以下两个方面:①词汇教学不能独立存在,而应该和语篇教学结合起来。学生只有从语篇整体的角度把握好文章的主题、体裁、写作意图和风格等,注意词汇的搭配,才能更加准确地理解词汇的意义和用法,才能更好地掌握这些单词;②词汇教学中要重视例句的呈现。这是因为句子往往设置了一个浓缩的语言环境,能够演示词汇的用法,帮助加深学生的理解。需要指出的是,所选取的例句应该是高质量的句子,即应该满足充分性、必要性、有效性的条件。其中,有效性主要体现为该例句应含有典型的搭配和习惯用法。

(二)基于核心词汇的教学

在词汇学习中,儿童最先习得的往往是那些基本范畴词,即核心词汇。每种语言中的基本范畴词约有500个。即使是同一语言中,不同性质的词语,如名词、动词、形容词、副词等,也有各自的基本范畴词。

(三)基于分析与综合影响的词汇教学

认知语言学认为,学习过程包括六个环节:认知、理解、应用、分析、综合、评价。其中,认知、理解和应用属于初级过程;分析、综合和评价属于高级过程。这里重点讨论分析与综合对英语词汇教学的影响。

作为英语词汇学习的两个必经阶段,分析、综合也是两种有效的词汇学习策略。在英语词汇教学中,教师应引导学生利用既有知识对新知识进行分析与综合,将新知识融入原有框架中,或建立起新的语言结构。具体来说,教师可采用两种方法:①教授英语构词法知识,通过分析词根、词缀来讲解单词;②根据语义关系教授生词,即将生词与其近义词、反义词、形近词联系在一起进行分析、讲解。

总的来说,在认知语言学理论指导下的英语词汇教学中,教师可利用相关链接引出生词,再用分析与综合法讲解单词,最终实现语言结构的构建或强化。

需要指出的是,利用语义关系教授单词这一方法并非万能的,因而不能胡乱使用,否则不仅无助于学生的词汇学习,反而会造成学生的学习负担。这是因为不是所有链接都具有积极的作用。

(四)基于概念隐喻理论的词汇教学

"隐喻是用一种事物暗指另一种事物,它具有多义性和创造性等特征。"概念隐喻是人类思维和认识世界的一种方式,对我们理解新词、多义词的含义和词汇的运用有很大的帮助,因此对英语词汇教学而言也具有十分重要的指导意义。

隐喻是词汇创新的一种重要方式。它的存在使词汇含义更加丰富多彩,语言表达更加生动形象。

(五)基于意象图式理论的词汇教学

英语中一词多义现象十分普遍。大部分学生只知道单词其中的一两个含义,遇到其他含义时往往难以理解,于是多义词就成了学生词汇学习的难点。但事实上,单词的多个含义是相互联系的,很多含义是从其基本含义中引申出来的。

根据意象图式理论,在具体的英语词汇教学中,教师应该首先向学生传授每个单词的基本含义,使学生了解词汇的意象图式基础。在此层面上,学习者能够了解到词汇产生的根源,并深刻理解词汇的不同含义。

在意象图式理论的影响下,学生对词汇学习的兴趣能够大大被激发,同时学生的转喻能力也会有很大提高。当学习者掌握了基本的词汇含义之后,无论语境如何转变,学习者都能根据业已形成的意象图式对词汇含义进行推测。

第二节 高校英语语法教学改革

一、高校英语语法教学的意义

(一)语法是句子产生的机制

在学习语言的过程中,学生通常都要记忆单个的项目,如词汇、短语、句子等,也就是所谓的"项目学习"。但是,一个人能够记忆的单个项目数量是有限的,因为他还需要学习其他的一些模式或规则,从而利用已经记忆的项目构成新的句子。这里的模式或规则就是语法。语法是一种为学生提供运用已记忆的词汇和学生本身所具有的创造力产生无数句子的机制。因此,语法教学为学生提供了创造语言的机会。

(二)语法知识具有调整的功能

词汇只有按照一定的语法规则才能组成被理解和接受的句子。对于学生而言,他们在课上可以接触大量的语言材料。根据这些资料,他们又能创造出很多新的句子,但是由于自身语言能力所存在的局限性,他们常常不能将句子表达清楚。在这样的情况下,学生可以运用语法知识进行适当的调整,从而使句子表达得更加准确、清楚。可见,语法知识具有调整的功能,通过调整能够使表述不清楚的句子更为明确和清楚。

(三)语法教学有利于学生掌握语言的组成成分

每一种语言都有着属于自己的庞大系统,而语法则是系统中的一个重要的子系统,它是由固定数目的明确规则构成的,所以语法教学必然会减轻语言教学的工作量。通过语法我们可以将语言进行分解,组织成各自的范畴,从而使语言教学的目标更为明确。

(四)语法可以解决语言学习的"石化现象"

如果学生的学习动机明确,语言学习能力也很强,那么他完全可以不经过正规的学习就能达到较高的语言水平。但是,在语言表达过程中,学生总会显露一些问题:①一些错误的语言习惯会固定下来,难以纠正;②达到了一定的语言水平之后就很难提高,停滞不前,这就是所谓的"石化现象"。

此时,教师就可以将相关的语法知识渗透到语言教学中,在原有较强的学习能力的基础上,逐步改变学生固有的语言表达习惯,让学生学习一些新的语言表达规则,从而解决学生在语言学习中的"石化现象"。

二、高校英语语法教学的现状

(一)教师教学现状

1.语法的地位需被重视。以前,英语教学把语法放在了一个相当重要的位置,而最近一段时间,却出现了"淡化"语法的说法,甚至有人认为可以不教语法。出现这种说法,主要有两个原因:一是认为学生从初中就开始学习语法,到大学就已经学得差不多了,所以没必要重复学习;二是认为英语考试中涉及语法的分值太少,不值得花费太多的精力。

2.教学体系需系统化。有些学生的语法概念不清晰。学生对语法并不陌生。说起语法,每位学生都能说出几个语法名词,如名词、动名词、一般过去时、虚拟语气等,但是如果细问起来,英语语法中有几种时态、几种语态、多少词类,就没有几名学生能正确回答出来了。由此可见,学生对于语法的认识只是一些零星的概念,他们在头脑中并没有建立起一个整体的认识和完整的框架。

3.教学方式需及时更新。在很多语法课堂教学中,教师都采用先讲解语法概念和规则,然后做相应练习的教学方式,而学生在教学中处于被动接受的地位。此外,好多学生在谈论语法学习的经历时普遍反映课堂上好像听懂了、会用了,可是过了一段时间又感觉很陌生,尤其是把几种语法现象放在一起之后,他们就更加感觉手足无措了。

语法教学中,在学生练习的组织及作业的批改等方面,教师不能有效地激发学生的学习兴趣,往往沿用刻板的语法练习与批改方法。学生的语法练习往往是偏重机械性的练习类型,如语法的单项选择题、强调书面完成句子、过分依赖教师批改等,这些都不利于学生结合语言材料在语篇的层面理解和巩固语法;而语法练习较少采用学生自我批改、同伴相互批改,不利于合作学习。

4.教师需培养学生的思维能力。有些教师在语法教学中并没有针对语法教学内容枯燥乏味的特点,为学生提供一些有效的学习策略及建议。相反,教师在语法教学中对学生思维能力的培养渗透不足,在引导学生理解和掌握语法过程中对学生智力层面的刺激严重不足,未能引导学生充分思考该语法在传递意义、形式结构及功能上的特点,较少注重真实运用,使学生感到语法练习与智力活动不沾边,慢慢失去了对语法的兴趣。

5.教学时间需保障。目前我国英语语法的学习主要是围绕课堂教学展开的,而课堂教学的学时有一定的限度。除了学习英语课程之外,学生还需要学习其他课程,因此学生只能在学习其他学科的间隙进行英语学习。

另外,对于每一节英语课程而言,每一节课的时间也是有限的,但是为了充分利用有限的每一节英语课时间,教师常常会在英语教学中涉及英语的基础知识和技能学习,如语音、词汇、听力、口语、阅读、写作等方面的教学。这样导致的结果是用于语法教学的时间更为不足,严重影响和制约语法教学效果。

(二)学生学习现状

1.对语法缺乏敏感度。在英语考试中,考生对改错题非常惧怕,因为改错题中的错误也是他们经常犯的错误,所以他们认为这些错误是正确的;另外在写作题中,考生对自己所写的句子中存在的语法错误,读了无数次却全然不知。这说明学生对语法缺乏敏感度,他们认为读懂一个句子,就能写出一个句子。可是学生不明白的是,如果说读懂一个句子可以凭借语感的话,那么写出一个正确的句子则需要过硬的语法知识。

2.对语法学习没有兴趣。语法确实枯燥,根本谈不上趣味性,而且由于规则很多,要求学生大量地记忆。这些规则有的相似,有的内容很多、难记忆,导致学生对语法学习缺乏兴趣。并且即使学生记住这些规则,在使用时也不会恰当应用,导致学生对英语语法学习失去兴趣。这就需要教师运用教学手段激发学生的学习兴趣,让学生在兴趣中学习语法。

3.惧怕英语课外阅读。要想学好一门外语,是需要环境的。学生在课堂上学习、在课下运用,才能学好英语。可是目前的状况是,学生在课堂上学的是英语,课后用的却是汉语,学习和运用分开了。要想解决这个问题,学生就要多看英语课外书籍,增加课外阅读量,也就是自己给自己创造环境。但学生的语法基础普遍薄弱,看不懂较长且烦琐的句子,因而惧怕英语课外阅读,这就减少了英语学习应有的环境。

三、基于认知语言学的高校英语语法教学方法

(一)增强学生对语法规则的体验性

语法规则具有一定的体验性。认知语言学认为,人类的认知不是客观世界的直接反映,而是需要人的身体这一媒介来完成对世界的反映,所以认知具有体验性。语言是人类认知的一部分,因此语言也具有一定的体验性。同样,英语语法学习本身是一个认知过程,因为语法规则同样也具有一定的体验性。因此,在英语语法教学过程中,教师可以通过课堂展示,指导学生用手势或其他肢体动作去体验语法规则,帮助学生理解和记忆。

(二)加强英汉语言思维表达方式的对比分析

由于英汉语言有着不同的形成过程与社会文化背景,因此英汉语言之间存在着一定的语言与文化差异。这一文化差异在语法教学方面主要体现在思维方式的差异上。因此,在使用英汉语言时,我们需要充分考虑目的语的文化和认知方式,这也适用于英语语法的教学。具体地说,就是在英语语法教学中,教师需要充分考虑英语的认知方式和英语思维,而不是汉语的思维方式,从而在英语的语言文化背景下准确、贴切地理解英语语法规则。

(三)在掌握语法形式的同时更加注重语法意义的掌握

传统的语法教学往往更加注重学生对知识数量的掌握,而忽视了学生对知识掌握的程度,或者说忽视了学生对知识的具体运用,导致学生往往知其然而不知其所以然。例如,对于倒装结构的学习,学生在学习过程中不应简单重复其表面的语法规则,而要更加注重其背后的意义。

第九章 高校英语教学模式改革的理论

第一节 建构主义理论及其教育理论

一、建构主义学习理论的基本观点

(一)知识观

建构主义者在一定程度上质疑知识的客观性和确定性,强调知识的动态性,这主要体现在以下三个方面:一是知识不是对现实的准确表征,只是一种解释、一种假设。知识不是问题的最终答案,它会随着人类的进步而不断地被"革命",并随之出现新的假设;二是知识并不能精确地概括世界的法则,不能拿来使用,一用就灵,而是需要针对具体情境进行再创造;三是知识不可能以实体的形式存在于具体、个体之外,尽管我们通过语言符号赋予了知识一定的外在形式,甚至这些命题还得到了较普遍的认可,但这并不意味着学习者会对这些命题有同样的理解。因为这些理解只能由个体基于自己的经验背景而建构起来,取决于特定情境下的学习历程。

建构主义的这种知识观虽然过于激进,但它向传统的教学和课程理论提出了挑战,值得我们深思。按照这种观点,课本知识只是一种关于各种现象的较为可靠的假设,而不是解释现实的"模板"。科学知识包含真理性,但不是绝对正确的最终答案,它只是对现实的一种更可能正确的解释。更重要的是,这些知识在被个体接受之前,对个体来说是毫无权威可言的。因此,不能把知识作为预先决定了的东西教给学生,不要用我们对知识正确性的强调作为让个体接受它的理由,更不能用科学家、教师、课本的权威来压服学生;学生对知识的接受只能靠他自己的建构来完成,以他自己的经验、信念为背景来分析知识的合理性。学生的学习不仅是对新知识的理解,而且是对新知识的分析、检验和批判。另外,知识在各种情况下应用并不是简单套用,具体情境总有自己的特异性。所以,学习知识不能满足于教条式的掌握,而是需要不断深化,把握它在具体情境中的复杂变化,使学习走向"思维中的具体"。

(二)学生观

建构主义者完全否定心灵白板说,强调学生经验世界的丰富性和差异性。建构主义者强调,学生并不是空着脑袋走进教室的。在日常生活中,在以往的学习中,他们已经形成了丰富的经验。小到身边的衣食住行,大到宇宙、星体的运行,从自然现象到社会生活,他们几乎都有一些自己的看法。而且,有些问题即使他们还没有接触过,没有现成的经验,但当问题呈现在面前时,他们往往可以基于相关的经验,依靠他们的推理和判断能力,形成对问题的某种解释。并且,这种解释并不都是胡乱猜测,而是从他们的经验背景出发而作出的合乎逻辑的假设。

为此,教学不能无视学生的先前经验,另起炉灶,从外部装进新知识,而是要把学生现有的知识经验作为新知识的生长点,引导学生从原有的知识经验中"生长"出新的知识经验。教学不是知识的传递,而是知识的处理和转换。教师不是简单知识的呈现者,他应该重视学生自己对各种现象的理解,倾听他们的意见,洞察他们这些想法的由来,并以此为根据,引导学生丰富或调整自己的理解。这不是简单的"告诉"就能奏效的,而是需要与学生共同针对某些问题进行探索,并在此过程中相互交流和质疑,了解彼此的想法,彼此作出某些调整。同时,由于经验背景的差异,学生对问题的理解常常各异,他们可以在一个学习的共同体中相互沟通、相互合作,对问题形成更丰富的、多角度的理解。因此,学生经验世界的差异本身便构成了一种宝贵的学习资源。教学就是要增进学生之间的合作,使学生自己看到那些与他不同的观点,从而促进自身的学习。

(三)学习观

1.主动建构性。建构主义认为,学习不是知识由教师向学生的传递,而是学生建构自己的知识的过程;学生不是被动的信息接收者,而是信息意义的主动建构者,这种建构不可能由其他人代替。学习是个体建构自己的知识的过程,这就意味着学习是主动的,学生不是被动的刺激接受者,要对外部信息进行主动的选择和加工,因而不是行为主义所描述的"刺激—反应"过程。而且,知识或意义也不是简单地由外部信息决定的。外部信息本身没有意义,意义是学习者通过新旧知识经验间反复的、双向的相互作用过程而建构成的。其中,每个学习者都以自己原有的经验系统为基础对新的信息进行编码,建构自己的理解,而且原有知识又因为新经验的进入而发生着调整和改变,所以学习并不简单是信息的积累,它同时包含由于新旧经验的冲突而引发的观念转变和结构重组;学习过程并不简单是信息的输入、存储和提取,而是新旧经验之间的双向的相互作用的过程。因此,建构主义与认知主义的信息加工论有所不同。

2.社会互动性。传统的观点把学习看作每个学生单独在头脑中进行的活动,往往忽视了学习活动的社会情境,或者将它仅仅看作一种背景,而非实际学习过程的一部分。建构主义者强调,学习是通过某种社会文化的参与而内化相关的知识和技能,掌握有关的工具的过程。这一过程常常要通过一个学习共同体的合作互助来完成。学习共同体的主要特征有:一是强调共同体各个成员所具有的多元化的知识、技能优势,这可以使每个人都对团体目标作出有价值的贡献,从而得到认可和尊重;二是共同体有共同的目标,即围绕共同关注的问题推动集体性知识的持续发展,而不是个人的知识、技能的习得;三是在学习活动上强调个人发展与共享性的知识建构活动的统一,强调成员之间知识、技能的共享和综合,强调学习资源的共享,强调成员之间实现学习过程的透明化;四是强调学习共同体对学习过程的自我管理,而非教师的主导性控制。教师作为学习共同体的组织者、促进者,其核心责任是设计和组织以学习共同体为中心的学习活动。

建构主义的学生观认为,学习共同体的协商、互动和协作对知识建构有重要的意义,这主要体现在以下三个方面:一是智慧的分布和共享。通过小组协作的形式对活动任务进行分解,每个小组成员负责不同侧面的子任务,这样学习小组就可以共同进行单个学生无法完成的复杂探究任务。围绕某个探究主题,小组中的每个学生都成为某方面的"专家",他们彼此交流探究成果,分享经验感受,共同贡献于集体任务,达到共同建构知识的目的;二是认知整合和思想改进。通过协作互动,学习者可以表达多元化的理解,在学习共同体中进行交流争论,从而完成观点整合和思想改进。这有助于激发学生的深入思考和批判性反思,帮助他们建构起更深层次的知识,发展多视角的理解;三是思维的外显化和精致化。为了和他人交流、共享自己的想法,学生必须首先将自己的思路及观点明确化,并提供足够的证据支持,进行自我解释。这样,学生的知识和思维策略都被外显化和精致化了,有利于促进学生的反思监控,提高思维和学习活动的质量。

3.情境性。传统的教学观念对学习基本持"去情境"的观点,认为概括化的知识是学习的核心内容,这些知识可以从具体情境中抽象出来,让学生脱离具体物理情境和社会实践情境进行学习,而所习得的概括化知识可以自然地迁移到各种具体情境中。但是,情境总是具体的、千变万化的,抽象概念和规则的学习无法灵活适应具体情境的变化,因而学生常常难以灵活应用从学校中获得的知识来解决现实世界的真实问题,难以有效地参与社会实践活动。据此,建构主义提出了情境性认知的观点。

建构主义认为,知识是不可能脱离活动情境而抽象地存在的,学习应该与情境化的社会实践活动结合起来。这主要体现在如下三个方面:一是知识存在于具体的、情境性的、可感知的活动之中。概念知识不是一套独立于情境的知识符号,它只有通过实际应用活动才能真正被人所理解;二是人的学习应该与情境化的社会实践活动联系在一起,就如同手工作坊中师傅带徒弟一样。学习者通过对某种社会实践的参与而逐渐掌握有关的社会规则、工具、活动程序等,形成相应的知识。在实践情境中所生成的实践性知识是现实世界最强有力的智慧,该知识体现在实践共同体成员的活动和文化之中,学习者通过参与该共同体的社会实践而逐渐形成这种知识;三是学习和理解的关键是形成对具体情境中的"所限"和"所给"的调适,即学习者能理解该情境中的限制规则,理解在社会互动和实践活动中存在的"条件—结果"关系,从而能对自己的活动过程及其结果作出预期。

二、建构主义教学理论

(一)教学观

由于知识的动态性和相对性以及学习的建构过程,教学不再是传递客观而确定的现成知识,而是激活学生原有的相关知识经验,促进知识经验的"生长",促进学生的知识建构活动,以实现知识经验的重新组织、转换和改造。教学要为学生创设理想的学习情境,激发学生的推理、分析、鉴别等高级的思维活动,同时给学生提供丰富的信息资源、处理信息的工具以及适当的帮助和支持,促进他们自己建构意义以及解决问题。基于建构主义的观点,研究者提出了许多新的教学思路,如情境性教学、支架式教学以及合作学习等,这些教学模式对数学、科学和语言等领域的教学实践产生了巨大影响。建构主义者对学习和教学进行了新的解释,强调知识的动态性,强调学生经验世界的丰富性和差异性,强调学习的主动建构性、社会互动性和情境性。学生是自己知识的建构者,教学需要创设理想的学习环境,促进学生的自主建构活动。

(二)教学原则

建构主义理论强调以学生为中心,不仅要求学生由外部刺激的被动接受者和知识的灌输对象转变为信息加工的主体、知识意义的主动建构者,更要求教师由知识的传授者、灌输者转变为学生主动建构意义的帮助者、促进者。在建构主义学习环境下,教师和学生的地位与作用和传统教学相比发生了很大变化。建构主义理念下的教学原则可以概括为以下几个方面的内容:其一,在课堂教学中使学习任务与日常活动或实践的内容一致,使学生感到学习中的问题就是他们本人的问题;其二,精心设计支持和激发学生学习的情境和学习环境,使学生在学习结束后能解决相似的环境下出现的问题;其三,给予学生解决问题的自主权,教师的作用是激发学生的思维,培养他们独立解决问题的能力;其四,支持学生对学习内容与学习过程进行反思,培养怀疑和批判的能力,鼓励学生在社会背景中检测自己的观点,发展学生自我管理的能力,促使学生成为自主的学习者。

(三)教学设计

1.强调学生的主体地位。建构主义强调以学生为中心,认为学习过程要充分发挥学生的主体性、主动性和创造性。因此,教师在教学中要创造机会,安排时间让学生进行深入探讨,不断修正自己对问题的认识,引导学生运用他们现有的知识和技巧去思考问题、解决问题。

2.强调知识意义的主动建构。建构主义教学理念反对把学生看成是知识的被动接受者,反对以讲授为主要形式的传统教学方式,强调学习者对知识的主动建构。因此,建构主义强调以学生为中心的学习环境的构建,目的是充分调动学生在学习中的积极性和主动性,培养学生的自主学习能力,以及独立分析问题和解决问题的能力。

3.强调学习情境的创设。建构主义认为知识的意义建构不可能凭空产生,它是以丰富的学习情境为载体。学习情境既能通过教师精心地构建获得,也可以直接来源于现实世界,学生在实际的环境或模拟的环境中去实现知识的意义建构。情境教学能启发学生利用自己已有的知识结构中的经验去理解、同化和建构新的知识,赋予新的知识以某种意义。当原有经验不足以同化新知识时,更需要创设新的学习情境,令学生能对原有的认知进行改造与重组,以顺应认知结构,完成新的知识意义的建构。

4.强调学习者之间的协作和会话。建构主义教学理念认为,学生与学习环境的交互作用,对于学习内容的理解起着关键的作用。这种交互作用包括学生与情境、学生与教师、学生与学生之间的互动。因此,教师应当创造条件在教学中开展交流和讨论活动,使各小组内的成员能够共同分析信息、研究问题、取得共识,在小组活动的基础上,进一步组织小组之间的交流与协商。同时,在教学过程中要注意营造合作学习的环境,让整个学习群体(包括老师和每一位学生)共同完成所学知识的意义建构,调动每一位学生的积极性和主动性,高效率地完成教学内容,这对学习技能较弱的学生尤其能起到很好的激励作用。

(四)教师的角色定位

在建构主义教育理念下的教学活动中,教师把学生当作教育活动的主体,同时也当作学习活动的主体。教师在教学中主要发挥以下作用:①教师是知识的传播者,学习的设计者、组织者和指导者;②教师是学生学习活动中的合作伙伴、协商者和咨询者;③教师是学生的榜样示范;④教师既是教育者也是研究者。

在教学中,每一个学生都是一个独立的世界,都有其独立的人格特点和发展潜力,教师要尊重每个学生的个性,发挥其特长,注重因材施教,帮助学生自主创造、自主发明、自主学习,塑造他们的自信心和成就感。教师的角色应该定位为教学活动的设计者、组织者、指导者、帮助者,在整个教学活动中要以学生的学长、朋友的身份帮助和引导学生学习,教学设计和教学实践都必须符合学生的实际情况,积极为学生创造有利的学习条件和环境,满足学生的学习需求。

(五)教学特点

1.课堂要素的多元化。建构主义理念下,课堂教学要素不仅包含传统的三大要素——教师、学生、教材,还包括教学目的、方法、环境和评价等诸多要素。此外,随着社会现代化程度的提高,以及计算机、多媒体和网络等信息技术的普及,课堂教学中引入了现代教育技术。同时,教学更强调人文化和社会化,提倡传授知识不仅是在课堂,而且可以在社会的各个环境中进行,大大拓宽了教学环境的范围和教育的视野。

2.师生关系的民主化。建构主义理念认为良好的师生关系是教学活动发生的前提,是影响教学成效的一个至关重要的因素,对学生认知和情感领域的发展同样起着制约作用。建构主义理念的教学要求教师和学生形成全渠道的交往和互动模式,教师与学生之间、学生与学生之间应该是多向度的交往和互动,真正实现了个体主动和群体互动。

3.课堂教学的情境化。在建构主义教学理念下,要求教师在教学过程中要为学生的学习创设与生活中的实际情况相类似的情境,并以帮助学生解决实际问题为目的。从知识结构上看,则要求弱化学科界限,强调学科的交叉和知识的综合性。从教学方法上看,要求教师提出问题并引导学生进行探索性、研究性、发现性的学习。从教学手段上看,提倡应用计算机和互联网技术进行辅助教学,借助现代信息技术为学生虚拟"现实情景"。

4.课堂教学的交互性。建构主义学习理论重视教学中师生之间、学生之间以及人与环境之间的社会性互动作用,而这种社会性互动作用的集中表现应该是教与学的交互性。这种交流主要表现在两个方面:第一,实现有效的互动,教师提出的问题与创设的情境与学生可能遇到的现实问题密切相关;第二,师生的交流应是双向的。在学生研究和探索教师设计的问题的过程中,教师应给予及时有效的反馈,以促进学生的学习进程和学习效果。

第二节 任务型语言教学的原则与方法

一、任务型语言教学的基本原则

(一)真实性原则

此原则是指在任务设计中,任务所使用的输入材料应来源于真实生活,同时,履行任务的情景以及具体活动应尽量贴近真实生活。当然,"真实"只是一个相对概念,任务设计的真实性原则也不完全反对非真实语言材料出现在课堂任务中。但有一点是肯定的,就是要尽量创造真实或接近于真实的环境,让学生尽可能多地接触和加工真实的语言信息,使他们在课堂上使用的语言和技能在实际生活中同样能得到有效的应用。

(二)形式/功能原则

传统语言练习的最大不足之处便是语言脱离语境、脱离功能,学生可能知道不同的语言形式,但不能以这些形式得体地表达意义。形式/功能原则就是在真实性原则的基础上,将语言形式和功能的关系明确化,让学习者在任务履行中充分感受语言形式和功能的关系,以及语言与语境的关系,增强学习者对语言得体性的理解。

(三)连贯性原则

这一原则涉及任务与任务之间的关系,以及任务在课堂上的实施步骤和程序,即怎样使设计的任务在实施过程中达到教学上和逻辑上的连贯与流畅。任务型教学并非指课堂中穿插了一两个活动,也并不指一系列活动在课堂上毫无关联地堆积。任务型教学是指教学通过一组或一系列的任务履行来完成或达到教学目标。在任务型教学中,一堂课的若干任务或一个任务的若干子任务应是相互关联、具有统一的教学目的或目标指向,同时在内容上相互衔接。

(四)可操作性原则

在任务设计时,应考虑到它在课堂环境中的可操作性问题,应尽量避免那些环节过多、程序过于复杂的课堂任务。必要时,要为学生提供任务履行或操作的模式。

(五)实用性原则

任务的设计不能仅注重形式,而不考虑它的效果。课堂任务总是服务于教学的,因此,在任务设计时,要避免为设计任务而设计任务。任务设计者要尽可能地为学生的个体活动创造条件,利用有限的时间和空间,最大限度地为学生提供互动和交流的机会,达到预期的教学目的。

(六)趣味性原则

任务型教学法的优点之一便是通过有趣的课堂交际活动有效地激发学习者的学习兴趣,使他们主动参与学习。因此,在任务设计时,很重要的一点便是考虑任务的趣味性。机械的、反复重复的任务类型可使学生失去参与任务的兴趣,因而任务的形式应多样化。需要注意的是,任务的趣味性除了来自任务本身之外,还可来自多个方面,如多人的参与、多向的交流和互动,任务履行中的人际交往、情感交流,解决问题或完成任务后的兴奋感、成就感等。

二、任务型课堂教学的方法

英国语言学家 Jane Willis 提出了任务型课堂教学的三个步骤:①前期任务——教师引入任务;②任务循环流程。任务——学生执行任务;计划——各组学生准备如何向全班报告任务完成的情况;报告——学生报告任务完成情况;③语言聚焦。分析——学生通过录音分析其他各组执行任务的情况,操练——学生在教师指导下练习语言难点。

在任务型的课堂教学中,教师教学的首要环节就是呈现任务,让学生在任务的驱动下学习语言知识和进行技能训练。这样的学习过程是任务驱动的过程,它有利于提高学生的学习兴趣和增强学生的学习动力,同时也有利于体现任务的真实性。如果教师不是在课堂教学一开始呈现任务,而是在知识学习和技能训练结束后再呈现并让学生完成,那么这就不是任务驱动型的教学过程,学生的学习动力就不如在任务驱动过程中那么强烈。所以,真实地运用任务的学习过程实际上就是课堂教学的过程。此时,学生就进入了参与任务的环节。

任务环节是实施任务型课堂教学的核心部分。任务型课堂教学活动根据其交互特点可大致分为五类:①故事链任务。小组中每人讲一段故事,整个小组讲完一个完整的故事;②信息差任务。两组或多组信息互补,协商完成任务;③解决问题任务。围绕一个问题或根据一系列信息,找出解决问题的办法;④做决定任务。围绕一个和多个结果,通过协商或讨论作出选择;⑤观点交换任务。通过讨论,相互交换意见,不必达成共识。

在这些活动中,"信息差任务"具有合作性和多元成果性的特征。同时,"信息差任务"过程简单,也易于课堂操作。在丰富多彩的任务的驱动下,学生可以运用自己的思维通过完成具体的任务主动地去习得英语,积极主动地参与到各种任务中来,真正地做到"在做中学",并从中获得和积累相应的学习经验,享受成功的喜悦。任务的完成是任务型教学程序的最后环节。在时机成熟时,教师就可以让学生围绕新知识点,突出主题进行迁移操练;学生通过完成任务将学到的知识和形成的技能转化成在真实生活中运用英语的能力。

第三节 教学系统设计优化的理念与方法

一、教学系统设计

(一)教学系统设计的目的和作用

教学系统设计的目的是将学习理论与教学理论的原理转换成对教学目标、教学内容、教学方法、教学策略和教学评价等环节进行具体计划、创设教与学的系统程序,用于解决教学实际问题,形成能够实现预期功能的教与学系统。教学系统设计可以直接用于教学过程,完成一定教学目标的教学资源、印刷教材、音像教材、学习指导手册、测试题和教师用书等;也可以是对一门课的大纲与实施方案或是对一个单元、一节课教学计划的详细说明。教学系统设计的研究对象是不同层次的教与学的系统,这一系统中包括了促进学生学习的内容、条件、资源、方法、活动等,创设教与学系统的根本目的是帮助学习者达到预期的学习目标。教学系统设计是探索教与学系统中各个要素之间及要素与整体之间的本质联系,并在设计中综合考虑和协调它们的关系,使各要素有机结合起来以完成教学系统的功能。

教育和教学理论是发展历史比较悠久的学科,通常它着重研究教育和教学的客观规律,通过一套范畴(概念)如教育和教学的任务、内容、过程、原则、方法、组织形式和效果等,建立从"教"的角度出发的基本理论体系,揭示了教学机制,但它并不研究学生学习的内部机制。而学习理论则是探索人类学习的内部心理机制,着重研究学生学习的内部因素。这两方面的基本理论为解决教育和教学问题,为制定和选择教学方案提供了关于教学机制和学习机制的科学依据。教学系统设计为了追求教学效果的最优化,不仅关心如何教,更关心学生如何学,并在系统分析和解决教学问题的过程中,注意把人类对教与学的研究成果和理论综合应用于教学实践。教学系统设计起到连接学科的作用,一方面是指教学理论与学习理论在设计实践中的连接,也就是教学系统设计把教与学的理论与教学实践活动紧密地连接起来。其次,教学系统设计也是一门设计学科,它植根于教学的设计实践。教学系统设计的本质在于决策、问题求解和创造,并侧重于问题求解中方案的寻找和决策过程。它不是发现客观存在的、还不曾为人所知的教学规律,而是要运用已知的教学规律去创造性地解决教学问题。面向实际,正是教学系统设计的一个突出标志。

(二)教学系统设计的基本层次

系统论认为系统即由相互作用和相互依赖的若干组成部分结合成具有特定功能的有机整体。教育技术学者在长期探索中确定了以系统论的思想和方法作为教学系统设计的指导思想,把教学作为系统来研究,并用系统方法来设计教学。按照系统论的基本思想,我们把为达到一定的教育、教学目的,实现一定的教育、教学功能的各种教育、教学组织形式看成教育系统或教学系统。社会向学校教育提出所需人才的要求,提供教育资源、教职员、教材、设备、设施等,而学校系统则通过各类教育工作把学生培养成社会需要的人才。学校系统通过人才是否达到预期目标或社会是否进步的反馈信息来进行调整,以保持在社会系统中的动态稳定。

教学系统是教育系统的子系统,它可以指学校的全部教学工作,也可以是一门课程、一个单元或一节课的教学,或是为达到某种教学目的而实施的、有控制的教学信息传递过程。教学系统包含了教师、学生、教材和教学媒体等四个最基本的构成性要素,是系统运行的前提,并组成系统的空间结构。这些要素之间的相互作用、相互依赖、相互制约又构成了系统输入和输出之间复杂的运行过程,也就是我们常说的教学过程。教学系统的功能就是通过教学过程运行的结果来体现的。

确定将要设计的教学系统的基本层次有助于我们设计教学系统时对所要设计的系统有一个更明确的定位。若从管理的角度看教学系统,我们也应该对教学系统从四个层次全面考虑,但由于立足点是管理层次,这时管理层次是系统的基本层次;依此类推,若从教学的角度看教学系统则应以教学层次作为系统的基本层次;而从学生学习的角度看教学系统则应以学习层次作为系统的基本层次;以不同的系统层次作为基本层次,就是对所设计的教学系统给予不同的定位。

在教学系统之外还存在着广泛的社会系统,它构成了教学系统的环境。教学系统只是一个子系统,而社会大系统中许多其他的子系统都与教育有关,它们具有提供学习资源的潜在可能性,即在这些子系统之中有各种资源、机会、设施等可以被运用于教学系统之中。教学系统设计的一个重要任务就是要将教学系统(特别是学生的学习系统)与具有提供学习资源的潜在可能性的社会系统联系起来。

教学系统设计也相应地具有不同的层次,即教学系统设计的基本原理与方法可用于设计不同层次的教学系统。到目前为止,教学系统设计一般可归纳为三个层次:以产品为中心的层次;以课堂为中心的层次;以系统为中心的层次。上述三个层次是在教学系统设计发展过程中逐渐形成的,但是也可以把教学系统设计分为宏观和微观两个层次:规模大的项目如课程开发、培训方案的制定等都属于宏观层次的教学系统设计;而对一门具体课程、一个单元、一堂课、一个媒体材料的设计,都属于微观层次的教学系统设计。产品、课堂、系统三个层次都有相应的教学系统设计模式,在具体设计实践中,可以按照自己所面临教学问题的层次,选用相应的设计模式。

(三)教学系统设计的构成要素

教学系统的功能是在教学过程中得以最终实现的,其中涉及很多要素,如教师、学生、系统管理人员;教材、设备、媒体;教学目标、教学内容、教学策略、教学评价等。在这里,我们从教学组织者的角度出发,根据在组织教学时各个要素是否可被设计,将它们分为静态要素和动态要素两类。

静态要素就是在组织教学的过程中相对稳定,教学的组织者一般不予设计的要素,包括技术支持、物质环境、管理、信息资源,教学组织者和学习者等:技术支持要素是指多媒体、网络教学系统的硬软件配置;物质环境要素是指教室的空间结构、桌椅的摆设、照明、温度、噪声、湿度、色彩等;管理要素是指管理者的素质、管理规章的合理性等一系列与管理维护有关的因素;信息资源要素包括课件、题库、网络资源等供教师和学生使用的多媒体资源;教学组织者要素是指教师的综合素质,其中包括教师应用计算机的能力等;学习者要素是指学生的综合素质,其中也包括学生应用计算机的能力等。

动态要素是在实现多媒体网络教学系统功能的过程中,由教学的组织者灵活掌握的要素,包括教学内容、教学目标、教学策略、教学媒体、教学实践和教学评价等:教学内容要素是指要求学生系统学习的知识、技能和行为经验的总和;教学目标要素是指通过教学活动,学习者应该掌握哪些知识和技能,培养何种态度和情感,用可观察、可测定的行为术语精确表达出来的学习结果;教学策略要素是指为了完成特定的教学目标所采用的教学模式、程序、方法、组织形式和对教学媒体的选择与使用的总体考虑;教学媒体要素是指直接加入教学活动,在教学过程中传输信息的手段;教学活动要素是教学设计方案的具体体现,同时也为进一步修改教学设计提供实践经验;教学评价要素是指以教学目标为依据,运用一切有效的技术手段,对教学活动的过程及其结果进行测定、衡量,并给以价值判断的过程。

二、教学系统设计与教学模式

(一)以"教"为主的教学系统设计模式

这个教学系统设计模式其理论来源主要是行为主义和认知主义的学习理论。在该教学系统设计的过程中强调四个基本要素,着重解决三个主要问题,合理安排十个教学环节。

四个基本要素是指教学目标、学习者特征、教学资源和教学评价。实际上,任何教学系统的设计过程都离不开这四个基本要素,它们构成了整个教学设计模式的总体框架。

三个主要问题分别是:根据教学的需求分析,确定教学目标;根据教学目标的分析确定教学内容和教学资源,并结合学习者特征的分析确定教学策略和教学方法;进行教学评价、检查和评定预期的教学效果。

十个教学环节包括以下方面:①了解教学条件,确定学习的要求和学习的目的;②选择课题与任务;③分析学习者特征;④分析学科教学内容;⑤阐明教学目标;⑥实施教学活动;⑦利用教学资源;⑧提供辅助性服务;⑨进行教学评价;⑩预测学生的准备情况。

需要说明的是,教学系统设计过程中的教学目标是对学习者能达到的学习状态明确而具体的表述,而且教学目标应是可观察、可测量、可操作的。教学内容是指为实现教学目标、由教育行政部门或培训机构有计划安排的、要求学生系统学习的知识、技能和行为经验的总和。主要包括选择与组织单元、确定单元学习目标、确定任务类别和分析任务以及评价所选内容等步骤。近30年来在教学内容组织编排的各种方式中,较有影响的有三种:一是布鲁纳提出的螺旋式编排;二是加涅提出的直线式编排;三是奥苏贝尔提出的渐进分化和综合贯通原则。在编排教学内容时,可根据学科特点对上述三种观点综合运用。

实施教学活动时势必会涉及教学策略的选择和运用。教学策略是为完成特定的教学目标而采用的教学活动的程序、方法、形式和媒体等因素的总体考虑。教学策略的设计是最能体现教学设计创造性的环节。目前较流行的以教为主的教学策略有先行组织者策略、五段教学策略、九段教学策略、假设—推理策略等。

教学评价主要有两种形式,形成性评价和终结性评价:形成性评价是在某项教学活动的进程中,为使活动效果更好而不断进行的评价,它能及时了解阶段教学的结果和学生学习的进展情况、存在的问题等,以便及时反馈,及时调整和改进教学工作;终结性评价属于事后评价,一般是教学活动告一段落后对被评价者所取得的较大成果做出全面鉴定,区分等级,对整个教学方案的有效性做出评定。

应该指出的是,教学系统设计是个灵活的过程。在以教为主的教学系统设计模式中,教师可以根据教学的实际情况和自己的教学风格从上述任何一个环节开始,并可以按照任意的顺序进行。此外,评价与修改贯穿在整个教学过程中。以教师为中心的教学系统设计模式具有较强的实用性和可操作性,它允许教师按照自己的意愿来自由安排教学的各个环节。多年来,这一模式在世界范围内一直有着广泛的影响。随着行为主义和认知主义的结合,这一教学模式也逐渐接受了"连接—认知"学习理论的基本观点,在教学系统设计的过程中不仅仅只考虑学习者的学习基础和知识水平,同时也十分重视分析学习者的认知特点和认知能力对学习过程的影响。

(二)以"学"为主的教学系统设计模式

这种教学系统设计模式是以建构主义理论为指导进行的,主要包括以下七个教学环节:①教学目标分析;②学习者特征分析;③学习情境创设;④信息资源的设计与提供;⑤自主学习设计;⑥协作学习设计;⑦学习效果评价设计。

需要指出的是,在这种以建构主义教学理念为指导的设计模式中非常重视对学习者特征的分析,该模式把学生看作是学习的主体,是意义的主动建构者。对学习者特征分析的主要目的是通过设计适合学生能力与知识水平的教学内容和问题,提供丰富的学习资源和给予恰当的指导来促进学习者的学习。

建构主义强调学习要解决真实环境下的任务,在解决真实任务过程中达到学习的目的。但真实的任务是否能体现教学目标以及如何体现,就需要对学习内容进行深入的分析,明确学习内容的类型以及知识内容的结构体系,才能根据不同的知识类型,将学习内容嵌入建构主义学习环境的不同要素中。

建构主义主张学生要在真实的情景下学习,要缩小知识与解决问题之间的差距,强调知识的迁移能力的培养。因此,以"学"为主的教学设计要强调学习情景设计,强调为学生提供完整、真实的问题背景,还原知识的背景,恢复其原来的生动性、丰富性。

学习者为了了解问题的背景与含义、建构自己的问题模型和提出问题解决的假设,需要知道有关问题的详细背景,并需要学习必要的预备知识,因此在教学系统设计时,必须详细考虑学生解决这个问题需要查阅哪些资料、需要了解哪些方面的知识,最好能建立系统的信息资源库,并提供正确使用搜索引擎的方法,即进行学习资源设计。

建构主义非常重视教学中自主学习策略的设计。在设计自主学习策略时,主要考虑主、客观两方面因素:主观方面首先是指作为学习主体的学生所具有的认知能力、认知结构和学习风格;客观是指知识内容的特征,它决定学习策略的选择。除了这些智力因素以外,主观方面还包括非智力因素,其中智力因素对学习策略的选择至关重要。

建构主义学习中,学习者是学习的主体,但并没有忽视教师的指导作用,任何情况下,教师都有控制、管理、帮助和指导的职责。由于不同的学生所采用的学习路径、所遇到的困难不同,教师需针对不同情况作出适时反馈,而且在教学实践中要注意对学生学习的引导和启发,使他们朝着有利于意义建构的方向发展。

建构主义主张评价不能仅依据客观的教学目标,还应该包括学习任务的整体性评价、学习参与度的评价等,即通过让学生去实际完成一个真实任务来检验学生学习结果的优劣。建构主义主张学习是自我建构知识意义的过程。因此,源于建构观的评价并不强调使用行为控制工具,而较多使用自我分析和元认知工具。

(三)"教师主导—学生主体"的教学系统设计模式

"教师主导—学生主体"的教学系统设计模式是基于"教"和"学"的两种教学系统设计相结合的产物,该模式既强调要发挥教师在教学中的主导作用,又要体现学生在学习中的主体地位,能够适应教育的各种不同实际情况。其目的就是使上述两种教学系统设计模式实现优势互补,以期获得最佳的学习效果。这一教学系统设计的主要环节包括:①分析教学目标,确定教学内容、教学顺序或学习主题;②分析学习者特征,确定学习者的基础知识、认知能力和认知结构变量;③确定教学的起点;④根据教学内容和认知结构变量决定是选用"传递—接受"的教学分支,还是选用发现式教学分支;⑤确定先行组织者;⑥根据组织者与学习主题的呈现要求,选择和设计教学媒体;⑦设计教学内容的组织策略;⑧进行形成性评价;⑨采用其他补充的教学策略;⑩促进知识迁移;⑪结束。

如果进入以学为主的发现式教学分支,接下来的环节就是:学习情境创设;信息资源的设计与提供;自主学习设计;协作学习设计;学习效果评价设计;强化练习设计;促进知识迁移;结束。

"教师主导—学生主体"的教学系统设计从方法和步骤上来说,是以

"教"为主和以"学"为主的教学设计方法和步骤的综合,同样也涵盖了教学系统设计过程的基本要素,只是这种教学系统设计模式既可以根据教学内容和学生的认知结构灵活地支持以"教"为主或以"学"为主的教学设计,也可以利用其公共部分和相互跳转的特性实现"教师主导—学生主体"的教学系统设计,在实际教学中可以相应地采用以"教"为主或以"学"为主的教学策略。

参考目录

[1]杜世纯.混合式学习研究[M].北京:中国社会科学出版社,2018.

[2]冯改.大学英语教学模式问题与对策研究[M].北京:中国商务出版社,2017.

[3]贺华.英语理论与英语教学研究[M].成都:电子科技大学出版社,2017.

[4]李小莉.高校英语教学理论与实践[M].延吉:延边大学出版社,2021.

[5]彭程飞.跨文化交际视角下的高校英语课程教学改革研究[M].北京:现代出版社,2018.

[6]王玉.混合式学习在高校英语教学中的应用[M].长春:吉林大学出版社,2018.

[7]姚雅静,李亮.跨文化交际背景下的高校英语教学理论体系建构探究[M].长春:东北师范大学出版社,2018.

[8]应云天.外语教学法[M].北京:高等教育出版社,2016.

[9]张芳芳.基于建构主义的大学英语混合式教学研究[M].北京:九州出版社,2022.

[10]张慧丽.大学英语混合式教学评价体系研究[M].哈尔滨:哈尔滨出版社,2021.

[11]张小薇.混合式英语阅读教学研究[M].哈尔滨:东北林业大学出版社,2018.

[12]周帆.高校英语教育教学理论与实践研究[M].长春:吉林大学出版社,2017.

图书在版编目（CIP）数据

混合式学习下高校英语教学与改革研究/曾筝，熊潇潇，谭泉泉主编.--太原：三晋出版社，2023.7
ISBN 978-7-5457-2767-8

Ⅰ.①混… Ⅱ.①曾… ②熊… ③谭… Ⅲ.①英语—教学研究—高等学校 Ⅳ.①H319.3

中国国家版本馆CIP数据核字（2023）第138493号

混合式学习下高校英语教学与改革研究

主　　编：曾　筝　熊潇潇　谭泉泉
责任编辑：张　路

出 版 者：	山西出版传媒集团·三晋出版社
地　　址：	太原市建设南路21号
电　　话：	0351-4956036（总编室）
	0351-4922203（印制部）
网　　址：	http://www.sjcbs.cn
经 销 者：	新华书店
承 印 者：	北京兴星伟业印刷有限公司
开　　本：	720mm×1090mm　1/16
印　　张：	8.5
字　　数：	200千字
版　　次：	2023年9月第1版
印　　次：	2023年9月第1次印刷
书　　号：	ISBN 978-7-5457-2767-8
定　　价：	56.00元

如有印装质量问题，请与本社发行部联系　电话：0351-4922268